711 n. Chr. – Muslime in Europa!

711 n. Chr. – Muslime in Europa!

Kay Peter Jankrift

Wendepunkte der Geschichte

THEISS

Im Interesse besserer Lesbarkeit wurde in dieser Publikation auf die Verwendung diakritischer Zeichen verzichtet.

Bibliografische Information der Deutschen Nationalbibliothek
Die Deutsche Nationalbibliothek verzeichnet diese Publikation in der Deutschen Nationalbibliografie; detaillierte bibliografische Daten sind im Internet über http://dnb.d-nb.de abrufbar.
Umschlaggestaltung: Stefan Schmid Design, Stuttgart, unter Verwendung einer Abbildung von akg-images (Tarik ibn Sijad, Heerführer des arabischen Statthalters von Nordafrika im Jahre 711 auf seinem Eroberungszug in Spanien.-Kreidelithographie, koloriert, 1847, von Theodor Hosemann, 1807–1875).

Lektorat: Thomas Theise, Regensburg
Kartographie: Astrid Fischer-Leitl, München
Gestaltung: Stefanie Silber, www.silbergestalten.de
Satz: Satzpunkt Ursula Ewert GmbH, Bayreuth
Druck und Bindung: Beltz Druckpartner, Hemsbach
ISBN: 978-3-8062-2501-3

Elektronisch sind folgende Ausgaben erhältlich:
eBook (PDF): 978-3-8062-2502-0
eBook (EPUB): 978-3-8062-2503-7

Besuchen Sie uns im Internet: www.theiss.de

Inhalt

Kartenlegende

+++ Entscheidung am Guadalete – Islam erreicht Europa +++

Die Meerenge ist voller weißer Segel. An diesem Frühlingstag des Jahres 711 entscheidet sich das Schicksal der Iberischen Halbinsel. Araber und Berber, die Krieger Allahs, landen bei Gibraltar. Stadt um Stadt fällt in ihre Hände. Erst zwanzig Jahre später gelingt es dem fränkischen Hausmeier Karl Martell, den weiteren Vormarsch der Muslime nach Westen bei Tours und Poitiers zu stoppen. Über dem größten Teil Spaniens und Portugals weht für die nächsten Jahrhunderte das schwarze Banner des Propheten.

+++ Der Morgen brach an. Wie eine rote Feuerscheibe stieg die Sonne an diesem Tag im Juli 711 am Rio Guadalete empor. In wenigen Stunden würde sie die Ebene in einen Glutofen verwandeln. Der Westgotenkönig Roderich erwachte. Sein Schlaf war tief und traumlos gewesen wie der seiner Krieger, die er in einem Gewaltmarsch hierher in den Süden Spaniens geführt hatte, um sich den Invasoren zu stellen. Er wusste, wie erschöpft seine Männer vom vorangegangenen Kampf gegen die aufständischen Basken waren. Aber er hatte keine Wahl. Das große Heer von Berbern und Arabern, das wenige Wochen zuvor bei Gibraltar an Land gegangen war, war nicht auf einen kurzen Beutezug aus. Die Krieger Allahs wollten sein Land wie schon so viele zuvor im Namen des Islams unterwerfen. Wenn er sie nicht aufhalten konnte, würde auch sein Reich der gewaltigen islamischen Welt einverleibt werden. Der Islam hatte das Abendland erreicht. Wo würden die Eroberungen enden, wenn er auf dem Schlachtfeld unterlag? Roderich erhob sich von seinem unbequemen Lager. Dann sprach er ein kurzes Morgengebet. Kaum hatte er mit dem »Amen« geschlossen, als einer der Kundschafter auf seinem Pferd ins Lager preschte. »Sie kommen«, keuchte er erschöpft. »Sie ziehen zum Fluss. Es sind Tausende.« Eilig befahl der König seinem Heer, sich marschfertig zu machen. Die entscheidende Schlacht stand bevor.

Auf der anderen Seite des Guadalete hatte der berberische Feldheer Tariq ibn Ziyad eine ruhige Nacht verbracht. Er brannte darauf, endlich der westgotischen Streitmacht gegenüberzutreten. Heute nun war der Tag gekommen. Allah würde ihm und seinen Kämpfern den Sieg schenken, denn es war sein Wille, dass sein Name an allen Orten der Erde angerufen werde. Tariqs Späher hatten das westgotische Lager gleich entdeckt. Es war ihnen nicht entgangen, dass das christliche Heer zahlenmäßig unterlegen war. Nachdem er die Meldung erhalten hatte, befahl der Feldherr seinen Männern, sich zu sammeln und in Richtung Rio Guadalete in Bewegung zu setzen. Am Flussufer wollte er den Feind erwarten.

Kaum hatten die Muslime ihr Ziel erreicht, sahen sie in der Ferne die Waffen und Rüstungen der Westgoten in der Sonne blitzen. Wenig später konnten sie in die Gesichter ihrer Gegner blicken. Dann erkannte Tariq den westgotischen König in den Reihen der Streitmacht. Er ritt seinem Heer voran. »Allahu akbar!«. Tariq gab das Zeichen zum Kampf. Der Ruf hallte aus den Kehlen der muslimischen Krieger wider. Mit wilder Entschlossenheit stürmten die Muslime gegen die Westgoten an. Ein erbitterter Kampf entbrannte. Auf beiden Seiten scheuten Pferde und warfen ihre Reiter ab. Einige gerieten unter die Hufe und wurden zermalmt, andere kämpften stehend mit Schwert und

Schild weiter. Wieder andere wurden von einer Lanze durchbohrt. Die Schlacht dauerte viele Stunden an. Als die Hitze unerträglich geworden war, ohne dass sich eine Entscheidung abzeichnete, entschlossen sich die Heerführer zum Rückzug. Als der Abend hereinbrach, war das Schlachtfeld blutgetränkt. Dieser erste Waffengang hatte Roderich wie auch Tariq vor Augen geführt, dass es keinen schnellen Sieg geben würde. Die Westgoten, obwohl in der Minderzahl, kämpften mit dem Mut der Verzweiflung.

In der Dämmerung sprachen die Muslime ihr Morgengebet. Bis hinüber ins westgotische Lager war es zu hören. Kurz darauf stießen die Krieger abermals aufeinander. So ging es über sechs weitere Tage. Das Wasser des Guadalete mischte sich mit dem Blut der Gefallenen. Tariq war bewusst, dass die Westgoten den Kampf niemals verloren geben würden, solange ihr König lebte. Doch bislang war es dem Feldherrn nicht gelungen, nahe genug an Roderich heranzukommen. Und dann, am achten Tag, sah sich Tariq plötzlich Roderich gegenüber. Er sah die Entschlossenheit in den Augen des Westgoten, der verwundet inmitten getöteter Feinde stand. Zugleich erkannte er, dass der König erschöpft war und nur noch der Wille ihn auf den Beinen hielt. Ihre Blicke trafen sich für einen kurzen Moment. Dann durchbohrte ein Speer, der wie aus dem Nichts zu kommen schien, den Körper des Königs. Roderich sackte zusammen. Der letzte König der Westgoten war tot. Der Weg zur Eroberung der Iberischen Halbinsel stand den Muslimen offen. Nun war der Islam endgültig nach Europa gekommen.

+++ Invasion! – Araber und Berber landen bei Gibraltar +++

Mit einem Heer von 7000 Kriegern landet der Berber Tariq ibn Ziyad im Frühjahr 711 bei Gibraltar. Sie werden getrieben vom Auftrag Mohammeds, den neuen Glauben, den Islam, in alle Himmelsrichtungen zu verbreiten. Das Reich der Westgoten ist dem Untergang geweiht. Damit erfüllt sich die dunkle Prophezeiung einer alten Legende. Die Invasion der Iberischen Halbinsel setzt den beispiellosen Triumphzug der Krieger Allahs fort. Das sassanidische Großreich musste sich dem Ansturm aus der Wüste ebenso geschlagen geben wie das stolze Byzanz. Selbst über der heiligen Stadt Jerusalem weht das Banner des Propheten. Nun reicht die islamische Welt vom Atlantik bis zu den Grenzen Chinas und Indiens.

Die Kirche in der Moschee

»Hier hat man etwas erbaut, was man überall hätte erbauen können, aber etwas zerstört, was einmalig gewesen ist«, soll Kaiser Karl V. voll Reue gesagt haben, als er zum ersten Mal die Kathedrale von Córdoba besuchte. Er selbst hatte den Bau des Gotteshauses inmitten der prächtigen Moschee befohlen, die im Jahre 785 durch den Omaijaden-Emir Abd ar-Rachman I. errichtet worden war. Noch immer dominieren die islamischen Elemente das einzigartige Bauwerk, das wie die umliegende Altstadt seit 1984 zum UNESCO-Weltkulturerbe gehört.

Nahezu überall in Spanien und Portugal stößt man auf die Spuren der rund achthundertjährigen muslimischen Herrschaft über weite Teil der Iberischen Halbinsel. Vielerorts findet der Besucher noch immer die Reste mehr oder weniger großer Befestigungsanlagen, zu Kirchen umgebaute Moscheen und eindrucksvolle Zeugnisse des orientalischen Baustils. Sie sind der steinerne Beweis für Europas islamisches Erbe. Nach dem Sieg über die letzte muslimische Bastion auf der Iberischen Halbinsel, Granada, und der Vertreibung der Muslime und Juden im Jahre 1492 hat man sich lange Zeit schwergetan, dieses Erbe anzunehmen. Trotz mancher Versuche – von den blutigen Verfolgungen der Inquisition im 16. Jahrhundert und dem fanatischen Versuch einer *limpieza de sangre*, einer »Reinigung des Blutes«, bis zu den Auswüchsen nationalistischer Geschichtsinterpretationen im 20. Jahrhundert – ist es nicht gelungen, die orientalischen Wurzeln aus dem Fleisch zu schneiden. Ob oder inwieweit der Islam heute zu Europa gehört, wird angesichts der Realitäten gegenwärtiger Zuwanderung aus der islamischen Welt und der geplanten Aufnahme der Türkei in die EU heftig diskutiert. Nicht alle mögen die Einschätzung des deutschen Bundespräsidenten Christian Wulff teilen, dass der Islam inzwischen zu Deutschland gehöre. Unbestreitbar ist jedoch das historische Faktum, dass der Islam nicht nur zu Europa gehört, sondern sich seit der muslimischen Invasion auf der Iberischen Halbinsel im Frühjahr 711 jahrhundertelang auch auf die Entwicklung des Abendlandes ausgewirkt hat. Die mittelalterliche Gesellschaft wurde auf einen Schlag damit konfrontiert, dass ein weiterer Glaube die Weltbühne betreten hatte. Für die Geistlichkeit stellte sich die Frage, wie die Anhänger Mohammeds einzuordnen seien. Die Christen bildeten die Mehrheit, die gegenüber einer jüdischen Minderheit für sich in Anspruch nahm, ein »Neues« Testament empfangen zu haben. Die Muslime aber sahen sich auf der höchsten Offenbarungsstufe. Nicht genug damit, stellten sie auch eine dauerhafte militärische Bedrohung dar. Mit der Invasion des Jahres 711 standen die Krieger Allahs zugleich an zwei Fronten: Im Osten bedrängten sie Byzanz, das altehrwürdige Ostrom, im Westen waren sie zu unbequemen Nachbarn des Frankenreiches geworden. Doch die Muslime brachten nicht nur den Krieg.

Die Schätze des Orients

Aus dem Herzen der islamischen Welt flossen die Wissensschätze des Orients allmählich ins Abendland. Das griechische Erbe war dort zunächst von den orientalischen Christen ins Syrische übertragen und nach dem muslimischen Expansionszug ins Arabische übernommen worden. Die Iberische Halbinsel war dabei das Tor nach Westen. Von dort gelangten die meisten Werke in Übersetzung ins christliche Abendland. Und der Handel war lukrativ: Die Muslime auf der Iberischen Halbinsel hatten einiges zu bieten – feinen Safran, Südfrüchte sowie Sklaven. Auch in der Technik ließ sich einiges von ihnen lernen: In den trockenen Gebieten erwiesen sie sich als Meister der Bewässerung und bauten Mühlen für die Herstellung von Papier.

Die Invasion der berberischen und arabischen Truppen bei Gibraltar, die sich zum 1300. Mal jährt, war zweifellos ein Wendepunkt der europäischen Geschichte. Dem lateinischen Christentum war mit dem Islam eine ernste religiöse Konkurrenz erwachsen, die nunmehr die christlichen Kernlande erreicht hatte und mit Waffen ihre Überlegenheit zu behaupten versuchte. In der islamischen Welt ist der Traum von al-Andalus noch immer nicht ausgeträumt. Eine Minderheit strenggläubiger Muslime betet noch heute für die Rückkehr auf die Iberische Halbinsel.

Momentan steht die islamische Welt vor einer großen Wende, von der noch niemand sagen kann, in welche Richtung sie geht.

Dabei führen die bürgerkriegsartigen Unruhen, die vor allem Nordafrika erfasst haben, einmal mehr die geographische Nähe zu Europa vor Augen. Wieder landen in diesen Tagen arabische Schiffe an Europas Küsten, dieses Mal kommen die Passagiere aber nicht als Invasoren. Wenn es nun am christlich-jüdischen Europa ist, eine stabile Demokratie in Nordafrika zu befördern und humanitäre Hilfe zu leisten, schließt sich damit vielleicht ein geschichtlicher Kreis. Mögen die Leserinnen und Leser dieses Bandes selbst urteilen.

Tariq, der »Morgenstern«

Ceuta, Nordafrika, im Frühjahr 711. Tariq ibn Ziyad erhebt sich vom Morgengebet. Mit besonderem Eifer hatte der Heerführer heute seinen Gott angerufen. Allah würde ihm den Sieg über die Ungläubigen jenseits des Meeres schenken. Hatte er nicht seit den Tagen des Propheten, gepriesen sei er, die Muslime von einem Triumph zum nächsten geführt? Tariqs Blick wandert hinüber zu der gewaltigen Flotte, die zum Aufbruch bereit bei Ceuta vor Anker liegt. Knapp zwei Jahrzehnte vor seiner Geburt, im Jahre 655, hatten die Krieger Allahs den stolzen Byzantinern bei der lykischen Hafenstadt Phoinix eine empfindliche Niederlage beigebracht. Konstantinopel hatte vorübergehend die angestammte Vorherrschaft zur See verloren und begriffen, dass die Söhne der Wüste nicht nur ihre Kamele und Pferde, sondern auch Schiffe zu lenken vermochten. Wenig später wurde der Erfolg in dieser »Schlacht der Masten«, wie der persische Geschichtsschreiber at-Tabari (839–923) den Waffengang auf dem Meer nannte, durch die Eroberung der Insel Rhodos gekrönt.

Bei diesem Gedanken huscht ein kurzes Lächeln über das sonnengegerbte Gesicht des drahtigen Berbers. Graue Strähnen haben sich in seinen vollen Bart und sein Haar gemischt. Er zählt nun etwas mehr als vierzig Jahre. Wie alt er genau ist, weiß er nicht. Zeit spielt in seiner Lebenswelt keine große Rolle. Überhaupt ist es noch nicht lange her, dass die nordafrikanischen Berber sich dem Ansturm der Muslime entgegengestellt hatten. Nur zögerlich hatten sie den neuen Glauben angenommen, den die Eroberer mitbrachten. Auch Tariq, dessen arabischer Name »der Morgenstern« bedeutet, war nicht als Muslim geboren worden. Wirklich gefestigt war der Islam im Westen Nordafrikas noch immer nicht. Allerdings ermöglichte unter den neuen Machthabern nur eine Konversion den Aufstieg und eine uneingeschränkte Teilnahme am öffentlichen Leben. Nie wäre er Feldherr oder gar Herr von Tanger geworden, hätte er die Zeichen der Zeit nicht richtig erkannt. Tariq erinnert sich sehr gut an die vielen Geschichten über die muslimischen Eroberungen, von denen ihm sein Vater erzählt hatte und von denen er nun seinen Kindern erzählte. Die Anhänger des Propheten Mohammed verstanden ihren Eroberungszug als göttlichen Auftrag. Ihre Mission bezeichneten sie deshalb als »Öffnung der Länder« für den neuen Glauben. Angefangen hatte alles in Mekka, einer Oasenstadt im Herzen der Arabischen Halbinsel, Tausende von Kilometern von Marokko entfernt.

Rückblick – der Gesandte Allahs

Mekka, zweite Hälfte des 6. Jahrhunderts. Bei seiner Geburt hätte wohl niemand geahnt, dass dem Jungen Großes beschieden war. Als Mohammed um 570 in Mekka das Licht der Welt erblickte, war die Stadt bereits ein bedeutendes Pilgerzentrum. Ob Mekka an der Hauptroute der Weihrauchstraße vom heutigen Jemen nach Ägypten lag und maßgeblich vom lukrativen Handel mit dem wohlduftenden Räucherwerk profitierte, wird unter Experten bis heute kontrovers diskutiert. Fest steht hingegen, dass die Pilger, die zum schwarzen Stein im Heiligtum der Kaaba strömten, ihren Teil zur blühenden Wirtschaft Mekkas beitrugen. Im 6. Jahrhundert hatte der Stamm der Quraisch, einflussreiche Händler, die Vorherrschaft über die Stadt an sich gebracht. Mohammed gehörte zu den Quraisch. Allerdings hatte sich der Stamm in unterschiedliche Fraktionen gespalten. Mohammeds Familie war verarmt, und sein Vater Abdullah erlebte die Geburt seines Sohnes nicht mehr. Noch im Kindesalter verlor der Junge auch seine Mutter Amina. So kam er zunächst in die Obhut seines Großvaters Abd al-Muttalib und wuchs nach dessen Ableben bei der Familie seines Onkels Abu Talib auf.

Durch den Koran und die islamische Geschichtsschreibung – darunter die Biographie aus der Feder des Ibn Ishaq (um 704–767/68) – lässt sich der Werdegang Mohammeds zwischen frommer Fiktion und historischen Fakten in den Grundzügen rekonstruieren. Will man der Überlieferung glauben, verdingte sich der junge Mohammed zunächst als Schafhirte. Herangewachsen, soll er Handelskarawanen auf zwei Reisen in das heutige Syrien begleitet haben. Dabei kam es den verschiedenen Prophetenlegenden zufolge zu religiösen Schlüsselerlebnissen Mohammeds. Einer Version aus dem frühen 8. Jahrhundert zufolge sei dem Mekkaner ein nestorianischer Mönch namens Bahira begegnet. Dieser habe zwischen Mohammeds Schultern – möglicherweise an der besonderen Form eines Muttermals – das »Siegel des Prophetentums« erkannt, so wie es in den jüdischen und christlichen Schriften geschrieben stehe. Nach dieser spektakulären Entdeckung sagte Bahira Mohammeds Bestimmung zum Propheten voraus. Wie auch immer dem gewesen sein mag, fest steht, dass Mohammed um 595 die vermögende Witwe Hadidja (um 555–619) heiratete. Die Ehe mit der fünfzehn Jahre älteren Frau, die einem angesehenen Zweig der Quraisch angehörte und in deren Diensten er zuvor gestanden hatte, bescherte Mohammed ein angenehmes Leben in finanzieller Sicherheit. Im Koran hat dieser Wendepunkt im Leben des nunmehr 25-jährigen künftigen Propheten deutlichen Niederschlag gefunden. So heißt es: »Hat er [Allah] dich nicht als Waise gefunden und dir Aufnahme gewährt, dich auf dem Irrweg gefunden und rechtgeleitet, und dich bedürftig gefunden und reich gemacht?« (Sure 93:6–7).

Um 610 ereigneten sich den Ausführungen der sogenannten »Sira«, der Prophetenbiographie des Ibn Ishaq, zufolge Mohammeds erste Offenbarungserlebnisse. Bis dahin war er vor allem den religiösen Traditionen seines Volkes verhaftet. Ein Zeichen persönlicher Frömmigkeit war sein Rückzug in die Einsamkeit des Berges Hira nordöstlich von Mekka. Um Buße zu tun, begab sich Mohammed alljährlich für einen Monat in eine Höhle unweit des

Gipfels. Dort erschien ihm im Traum der Erzengel Gabriel mit einem beschriebenen Seidentuch. Dieser befahl dem verängstigten Mann vorzutragen, was auf dem Stoff zu lesen war. Weitere Offenbarungen folgten, und Mohammed begann, die neue Lehre in Mekka zu verbreiten. Zu den ersten, die gemäß der islamischen Überlieferung dem Propheten folgten, gehörten seine Frau Hadidja, sein Cousin und Schwiegersohn Ali ibn Abi Talib sowie sein Schwiegervater Abu Bakr, Vater von Mohammeds dritter Frau Aischa. Solange Mohammed die althergebrachte Ordnung und die religiösen Traditionen nicht störte, ließen ihn die führenden Männer der Quraisch gewähren. Besonders bei den sozial Schwachen fiel seine Botschaft auf fruchtbaren Boden. Als der Prophet aber begann, Götzendienst und Vielgötterei öffentlich zu verurteilen, wendete sich das Blatt. Nun gingen seine einflussreichen Gegner gewaltsam gegen ihn und seine Anhängerschaft vor. Den arabischen Stammesgesetzen entsprechend wies man Mohammed 614 an, zu seinem Schutz im Haus des Arqam ibn Abi Arqam Unterkunft zu nehmen. Ein weiteres Auftreten und Verkünden der neuen Lehren in der Öffentlichkeit sollte damit unterbunden werden. In dieser für die junge Glaubensgemeinschaft schwierigen Situation legte Mohammed der religiösen Überlieferung zufolge einigen seiner Anhänger eine Übersiedlung nach Abessinien nahe. Trotz der Unterbindung seines öffentlichen Wirkens gewann Mohammed weitere Anhänger. Nach dem Tod seiner Frau Hadidja sowie seines Verwandten und langjährigen Weggefährten Abu Talib um 619 begann er seine Übersiedlung nach Yatrib, dem späteren Medina, vorzubereiten. Drei Jahre später kehrte der Prophet seiner Heimatstadt Mekka vorerst den Rücken. Mit diesem Ereignis, der sogenannten *Hidschra,* beginnt die islamische Zeitrechnung. In Begleitung von Abu Bakr und einigen Getreuen erreichte Mohammed gemäß der islamischen Tradition am 24. September 622 – dem 12. Rabia des Jahres I – den Ort Quba nahe Yathrib.

Medina, die »Stadt des Propheten«

Yatrib, zwanziger Jahre des 7. Jahrhunderts. Nach dem Verlauf der weiteren Ereignisse zu urteilen, hatte Mohammed seine Übersiedlung in die Stadt, die im Arabischen künftig *Madinat an-nabiy,* »Stadt des Propheten«, oder kurz Medina heißen sollte, gut geplant. Die einheimische Bevölkerung unterschied sich in ihrer Zusammensetzung von der in Mekka. Die größte Gruppe bildeten die untereinander zerstrittenen Stämme der Aus und der Chasradsch mit ihren verschiedenen Sippen. Hinzu kamen mehrere jüdische Stammesverbände. Daneben hatte sich bereits die medinensische Anhängerschaft des Propheten formiert, die in der islamischen Geschichtsschreibung den bezeichnenden Namen »die Helfer« erhielt. Ergänzt wurde dieser bedeutende Kern nun durch die Gefolgsleute Mohammeds, die mit ihm aus Mekka übergesiedelt waren. Schon bald war die Position des Propheten offenbar so stark, dass er der Einwohnerschaft seine Ordnungsvorstellung diktieren konnte. Diese spiegelt sich bis heute im sogenannten »Vertrag von Medina« wider, der sich in der Prophetenbiografie des Ibn Ishaq findet. Während der Text selbst heute allgemein als authentisch angesehen wird, gibt es bei der Datierung unterschiedliche Auffassungen. Fest steht, dass der Vertrag von Medina eine erste Grundlage für die weitere Begegnung der Muslime mit unterschiedlichen religiösen und ethnischen Gruppen während der Ausbreitung des neuen Glaubens bildete. Mohammed wollte alle Einwohner Medinas ungeachtet religiöser Unterschiede mit den Muslimen zu einer Gemeinschaft vereinen. Innerhalb dieser sogenannten *umma* sollten die Juden ihre Religion beibehalten dürfen sowie die gleichen Rechte und Pflichten haben wie die Muslime. Man geht heute davon aus, dass solche Verträge zwischen Muslimen und der zahlenmäßig bedeutsamen jüdischen Bevölkerung auf der Arabischen Halbinsel in der frühen Phase der islamischen Expansion üblich waren. Im Detail rekonstruierbar sind sie allerdings nicht.

Kennzeichnend für das frühe Wirken Mohammeds in Medina ist die Anerkennung und teilweise Übernahme jüdischer Bräuche. Das bezieht sich auf bestimmte Fastenvorschriften ebenso wie auf die Wahl der Gebetsrichtung gen Jerusalem. Diese könnte allerdings auch von den östlichen Christen übernommen sein, die sich beim Gebet ebenfalls nach Jerusalem wandten. In der islamischen Geschichtsschreibung ist die Frage nach der Bedeutung Jerusalems für den Islam Gegenstand von Kontroversen. Die Verbindung Mohammeds zu Jerusalem stützt sich im Wesentlichen auf die 17. Sure des Korans. Die »ferne Kultstätte«, die der Prophet bei seiner nächtlichen Reise aufsucht, wird erstmals am Ende des 7. Jahrhunderts in Auslegungen des Korans mit Jerusalem identifiziert. Zeitlich fällt das in etwa mit dem Baubeginn des Felsendoms auf dem Tempelberg durch den Omaijadenkalifen Abd al-Malik ibn Marwan (685–705) zusammen. Obwohl zahlreiche Koranzitate die prachtvolle Moschee mit ihrer vergoldeten Kuppel zieren, fehlt Sure 17. In der benachbarten Al-Aqsa-Moschee finden sich die betreffenden Verse erst in einer Bauinschrift aus dem 11. Jahrhundert, dem Zeitalter der Kreuzzüge. Die spätere muslimische Geschichtsschreibung hat zwei Traditionen, die Himmelfahrt des Propheten und die Nachtreise, zusammengeführt. Beide Ereignisse werden gemeinhin auf die Zeit kurz vor der Übersiedlung des Propheten nach Yatrib datiert.

Dem anfangs pragmatischen Interesse Mohammeds an vertraglichen Regelungen zwischen der wachsenden Zahl der Gläubigen und den Juden stand seine unversöhnliche Haltung zu den Polytheisten, seinen Widersachern in Mekka, gegenüber. Mit diesen durften ausdrücklich keine Verträge geschlossen werden. Noch war die Anhängerschaft Mohammeds nicht stark genug, um sich mit den mächtigen Quraisch messen zu können. Mit der wachsenden Zahl von Einwanderern jedoch, die sich zum Kampf an der Seite des Propheten verpflichteten, stiegen die Chancen auf eine siegreiche Auseinandersetzung mit den alten Feinden in Mekka. Dabei verfolgte Mohammed zunächst eine Taktik der Nadelstiche: Seine Getreuen überfielen die Karawanen der Quraisch und unternahmen kleinere Beutezüge. Im Jahre 624 kam es erstmals zu einer größeren Konfrontation: Bei Badr gerieten die Muslime bei dem Versuch, eine aus Syrien heimkehrende, reich beladene Karawane zu überfallen, in einen mekkanischen Hinterhalt. Mit der Unterstützung ihrer medinensischen Glaubensgenossen gelang es, den militärisch überlegenen Gegner zu bezwingen. Der Sieg stärkte Mohammeds Machtposition. Von nun an änderte er seine Politik gegenüber allen, die sich nicht zu ihm bekannten und seine Lehren nicht annahmen.

Das bekam zunächst der jüdische Stamm der Banu Qaynuqa zu spüren, der von den Muslimen aus der Stadt vertrieben wurde. Die Überlebenden siedelten sich in Syrien an. Die übrigen jüdischen Stämme teilten das Schicksal ihrer Glaubensgenossen, nachdem sie sich den Muslimen nicht unterwerfen oder den Islam annehmen wollten. Sie zählten zu den ersten Opfern der aggressiven muslimischen Expansionspolitik. Die Hintergründe dieses Vorgehens gegen die jüdische Einwohnerschaft in der Stadt und ihrem Umland werden in der Wissenschaft unterschiedlich interpretiert. Häufig wird angeführt, dass die demographisch bedeutenden jüdischen Stämme im Inneren eine Gefahr für den Zusammenhalt der noch jungen Glaubensgemeinschaft darstellten. Darüber hinaus verfügten sie über nicht zu unterschätzende militärische Stärke, die sich jederzeit gegen die Muslime richten konnte – zumal dann, wenn sich die Juden als unsichere Bundesgenossen erweisen und an der Seite der mekkanischen Feinde in den bevorstehenden Krieg eingreifen würden, wie die islamische Geschichtsschreibung im Falle der Banu Quraiza mehrfach betont. Der Wandel von Mohammeds Haltung gegenüber den Juden fand seinen Niederschlag auch in der religiösen Praxis. Von nun an wandten sich die Muslime beim Gebet nicht mehr gen Jerusalem, sondern in Richtung Mekka. Nachdem durch die Vertreibung und Vernichtung der jüdischen Stämme Medinas die Fronten geklärt waren, konnte der Prophet endlich sein lang gehegtes Ziel verfolgen: die Eroberung Mekkas.

»... den Ungläubigen gegenüber heftig«

Mekka, Frühjahr 628. »Mohammed ist der Gesandte Gottes. Und diejenigen, die mit ihm gläubig sind, sind den Ungläubigen gegenüber heftig, unter sich aber mitfühlend«, heißt es im Koran (Sure 48:29). Klarer denn je spricht aus diesen Worten das Selbstverständnis Mohammeds. Ebenso deutlich wird der Auftrag für seine Anhängerschaft. Sechs Jahre waren seit seiner Auswanderung vergangen. Nun hielt der Prophet die Zeit für gekommen, den mächtigen Vertretern der Quraisch gegenüberzutreten, die für sein Exil die Verantwortung trugen. An der Seite seiner getreuesten Gefährten begab sich Mohammed im März des Jahres 628 nach Mekka. Er wollte ein öffentliches Zeichen setzten und die kleine Pilgerfahrt zum Heiligtum der Kaaba, die sogenannte *umra,* vollziehen. Noch aber hatten die Mekkaner die Mittel, diese Demonstration des neuen Glaubens wirksam zu verhindern und Mohammed in die Schranken zu weisen. Ohne den heiligen Bezirk betreten zu haben, musste er mit seinen Widersachern in al-Hudaibiya verhandeln.

Mohammed schloss mit den Quraisch einen Vertrag. Damit akzeptierten seine alten Gegner den ungebetenen Heimkehrer nun zwar als weltlichen Anführer, verweigerten ihm jedoch die Anerkennung als Prophet. Der Vertrag von al-Hudaibiya sah zunächst einen Waffenstillstand zwischen den verfeindeten Parteien vor, verbunden mit gegenseitigen Sicherheitsgarantien. So verpflichteten sich die Quraisch, Anhänger Mohammeds bei ihrer künftigen Pilgerfahrt nach Mekka nicht zu behelligen. Gleiches sollte für Händler gelten, die auf den Karawanenrouten gen Süden in den heutigen Jemen reisten, um dort vor allem Weihrauch einzukaufen. Im Gegenzug sicherte Mohammed zu, Überfälle auf Karawanen der Quraisch künftig zu unterlassen. Konnte er all das als Kompromiss in beiderseitigem Interesse akzeptieren, dürfte er den weiteren Forderungen der Quraisch nur zähneknirschend zugestimmt haben. So waren laut Vertrag Anhänger des neuen Glaubens, die ohne Zustimmung ihrer Herren nach Yatrib geflohen waren, an die Mekkaner auszuliefern. Nicht genug damit, mussten Mohammed und seine Begleiter auf die Durchführung der *umra* verzichten. Erst im kommenden Jahr wollten die Mekkaner die Pilgerfahrt erlauben. Obwohl die islamische Geschichtsschreibung den Vertragsabschluss von al-Hudaibiya später als Erfolg Mohammeds bewertete, scheinen angesichts der Bestimmungen noch immer die Quraisch den Ton angegeben zu haben. Dafür spricht nicht zuletzt, dass im überlieferten Vertragstext keinerlei islamische Formeln auftauchen.

Der Rückschlag entmutigte Mohammed keineswegs, im Gegenteil: Während der kommenden Monate bereitete Mohammed den Boden für die militärische Machtübernahme in Mekka. Zunächst traf es den jüdischen Stamm der Banu an-Nadir, der in der Oase Khaibar ansässig war. Nach seiner Unterwerfung durch die Muslime hatte sich dieser zur Zahlung hoher Tribute an die Sieger verpflichtet. Der Reichtum der Banu an-Nadir gründete sich auf Datteln. Für die Erlaubnis, den Anbau von Dattelpalmen fortzuführen, forderten die Anhänger Mohammeds die Hälfte des Ernteertrags; der Löwenanteil ging an den Propheten selbst. Als die Banu an-Nadir sich weigerten, ihren Verpflichtungen nachzukommen, gingen die Muslime gewaltsam gegen den jüdischen Stamm vor. Die Krieger Mohammeds besetzten die Oase. Wer mit dem Leben davonkam, floh. Mit der Vertreibung der Banu an-Nadir war es dem Propheten gelungen, eine weitere Gruppe möglicher Unruhestifter im Inneren zu beseitigen. Etwa zur gleichen Zeit bekehrten sich einige einflussreiche Familien in Mekka zum neuen Glauben. Die Zeit für einen Machtwechsel war gekommen.

Mohammeds Triumph

Mekka, Januar 630. Die Zeichen standen auf Sturm. Die Mekkaner hatten den Vertrag von a-Hudaibiyah gebrochen. Nun rückte ein starkes muslimisches Heer auf die Stadt vor. Als Mohammed und seine Anhänger wie vorgesehen im März 629 die Pilgerfahrt zur Kaaba durchgeführt hatten, waren die meisten Mekkaner aus der Stadt gewichen. Niemand hatte Interesse an gewaltsamen Auseinandersetzungen mit den Muslimen. Nun aber spitzte sich die Situation zu. Doch auch Mohammed war nicht an einem unnötigen Blutvergießen gelegen. Nützlicher für eine Festigung seiner Macht war es, seine Anhängerschaft in der Stadt zu vergrößern und so der Opposition den Boden zu entziehen. Deshalb sicherte Mohammed allen Mekkanern den Schutz ihres Lebens zu, sofern sie sich nicht an den Kämpfen beteiligten. Die Strategie ging auf: Nahezu kampflos marschierten die Muslime in Mekka ein. Die Gegner Mohammeds zogen zumeist die Flucht dem Kampf vor.

Ganz im Sinne der neuen Lehren widmete sich der Prophet zunächst der Umgestaltung der Kaaba. Das Heiligtum wurde gereinigt, indem Mohammed alle Götzenbilder entfernen und zerstören ließ. Aus den Häusern der Mekkaner sollten die alten Gottheiten ebenfalls verschwinden. In den folgenden Wochen gelang es den neuen Machthabern – wenn auch mit Mühe –, jeglichen Widerstand gegen ihre Herrschaft im Umland von Mekka zu brechen. Mohammed war am Ziel. Der neue Glaube hatte in seiner Heimatstadt obsiegt, und die Zahl der Anhänger wuchs. Doch dem Propheten war nur wenig Zeit beschieden, diesen Triumph auszukosten.

Zwei Jahre nach der Eroberung der Stadt, im Januar 632, brach Mohammed zur großen Pilgerfahrt nach Mekka auf, der sogenannten *Hadsch*. Es wurde seine letzte Reise. Einige Wochen später traf er mit seiner Anhängerschaft in Mekka ein und unternahm die Wallfahrt. Dabei wurden detailliert all die Zeremonien und Riten festgelegt, die für Mekka-Pilger bis heute gelten. Nach Abschluss der *Hadsch* kehrte er nach Medina zurück. Fühlte er seinen Tod bereits nahen? In den islamischen Geschichtswerken findet sich dazu kein Hinweis. Fest steht, dass sich Mohammed von nun an nicht mehr an den Feldzügen der Muslime beteiligte und seinen Getreuen die Führung des Heeres überließ. Im Alter von etwas mehr als sechzig Jahre starb der Gesandte Allahs am 8. Juni 632 an den Folgen einer plötzlichen Erkrankung in Medina. »Heute habe ich euch eure Religion vervollständigt und meine Gnade an euch vollendet, und ich bin damit zufrieden, dass ihr den Islam als Religion habt« (Sure 5:3), sagte er den Worten des Korans zufolge zu seinen Begleitern auf der Wallfahrt am Berg Arafat. Mit der Niederschrift seiner Offenbarungen, der 114 Suren des Korans, hinterließ er den Muslimen sein religiöses Vermächtnis. Einen Nachfolger aber benannte er nicht.

»Kämpft gegen diejenigen, die nicht an Allah und den jüngsten Tag glauben ...«

Als Mohammed im Juni des Jahres 632 starb, erstreckte sich das muslimische Herrschaftsgebiet bereits auf die gesamte Arabische Halbinsel. An seiner Nordgrenze stieß die noch immer überschaubare islamische Welt an die Reiche der Byzantiner und der Sassaniden. Im stetigen Ringen um die Erweiterung ihrer Machtbereiche hatten sich beide in lange währenden Kriegen gegenseitig zermürbt. Weder der oströmische Kaiser Herakleios (610–641) noch der sassanidische Großkönig Yazdegerd III. rechnete mit einem Angriff der Anhänger Mohammeds.

Noch zu Lebzeiten des Propheten hatten die Muslime nicht nur im Süden der Arabischen Halbinsel die Niederwerfung gegnerischer Stämme vorangetrieben, sondern auch nach Norden ausgegriffen. Ein erster, noch von Mohammed persönlich geführter militärischer Vorstoß gegen die Byzantiner bei Tabuk im Jahre

Erbstreit im Hause des Propheten – Sunniten und Schiiten

Mohammed starb, ohne einen männlichen Nachkommen zu hinterlassen. Ebenso wenig hatte er aus den Rängen seiner Getreuen den Mann bestimmt, der künftig die Geschicke der wachsenden Glaubensgemeinschaft lenken sollte. Wer aber sollte nun Kalif werden, der »Stellvertreter des Gesandten Gottes«, der als religiöses und weltlich-politisches Oberhaupt allen Muslimen vorstand? Aufgrund ihrer engen Beziehungen zu Mohammed und gemeinsamer Familienbande kamen vor allem zwei Getreue der ersten Stunde für die Nachfolge in Frage: Abu Bakr, Mohammeds Schwiegervater, und Ali ibn Abi Talib, Mohammeds Cousin und Schwiegersohn. Die Mehrheit der Muslime sprach sich für den erfahrenen Abu Bakr aus. Ali hatte das Nachsehen. Aus der nie verwundenen Niederlage im Erbstreit um die Nachfolge des Propheten entstand ein Riss in der jungen Glaubensgemeinschaft, der in der Folgezeit immer breiter wurde. Den ersten Nachfolgern Mohammeds, den sogenannten Wahlkalifen, gelang es zunächst noch, die unterschiedlichen Gruppierungen zusammenzuhalten. Der zweite Kalif, Omar, prägte den Titel »Herrscher der Gläubigen« (arab. *amir al-muminin*). Nachdem der dritte Wahlkalif, Othman, der aus den bisher ungeordneten Suren den Koran in seiner noch heute bekannten Form zusammengestellt hatte, im Jahre 656 ermordet worden war, sah Ali erneut seine Stunde gekommen. Obwohl er sich dieses Mal durchsetzte und endlich die langersehnte Nachfolge des Propheten antreten konnte, stand sein Kalifat auf tönernen Füßen.

Mu'awija, der mächtige Gouverneur von Syrien, war ein Verwandter des ermordeten Kalifen Othman. Er verweigerte Ali die Gefolgschaft. Auch Aischa, die einflussreiche Witwe Mohammeds, wandte sich gegen Ali. Die Machtkämpfe mündeten in einen Bürgerkrieg. Die Spaltung der muslimischen Gemeinschaft wurde unausweichlich, nachdem Ali im Jahre 661 mit einem vergifteten Schwert vor der Moschee von Kufa getötet worden war. In den Augen seiner Anhängerschaft, der *schi'at Ali*, waren allein seine Blutsverwandten oder die des Propheten rechtmäßige Kalifen. Die Schiiten betrachteten Alis Nachfolger, die sogenannten Imame, als einzig wahre, unfehlbare und von Allah rechtgeleitete Oberhäupter der Gemeinschaft aller Gläubigen. In der Folgezeit bildeten sich unterschiedliche Strömungen innerhalb der Schia aus. Im Mittelpunkt der jeweiligen Orientierung steht dabei die Überzeugung, dass ein bestimmter Imam der letzte anerkannte Nachfolger Alis sei. Unter anderem ist damit auch der Glaube an einen entrückten Imam verbunden, den Mahdi, der eines Tages wie ein Erlöser zurückkehrt. Die weitaus größte Gruppe der Muslime blieb jedoch dem Brauch (arab. *Sunna*) treu, wonach ein Kalif durch die Bestätigung der Gemeinschaft legitimiert wurde. So erkannten die Sunniten fortan Mu'awija als den einzig rechtmäßigen Kalifen an. Dieser begründete die Dynastie der Omaijaden, die bis zu ihrer Entmachtung durch die Abbasiden im Jahre 750 über den größten Teil der riesigen islamischen Welt herrschten.

Obwohl die Schiiten zu allen Zeiten eine Minderheit blieben, spielten sie in der islamischen Geschichte als Machtfaktor mitunter eine große Rolle. Allen voran wohl die Fatimiden, die von Ägypten aus zwischen dem Beginn des 10. und der zweiten Hälfte des 12. Jahrhunderts das große Gebiet von Syrien bis nach Marokko beherrschten und einen eigenen Kalifen erhoben. Die meisten Schiiten leben heute im Iran und im Irak. Demographisch bedeutende Gruppen finden sich im Libanon, in Aserbaidschan, Afghanistan, Kuwait, Pakistan, Syrien, Indien und Saudi-Arabien. Die Angaben über ihren Anteil an der gesamten muslimischen Glaubensgemeinschaft schwanken stark und bewegen sich im Allgemeinen zwischen mindestens zehn bis höchstens 25 Prozent.

629 war allerdings erfolglos verlaufen. Aus dieser Erfahrung erwuchsen die Vorschriften des Korans, die von nun an die Grundlage des sogenannten *dimma*-Rechts bildeten. Dieses regelte die Begegnung und den Umgang mit Angehörigen anderer Buchreligionen. So ergeht in Sure 9 die Aufforderung an die Muslime: »Kämpft gegen diejenigen, die nicht an Allah und den jüngsten Tag glauben und nicht verbieten, was Gott und sein Gesandter verboten haben, und nicht der wahren Religion angehören.« Des Weiteren soll der Krieg solange fortgeführt werden, bis die Feinde demütig ihren Tribut an die Muslime entrichten. Symbolisch stellte die *gizya*, die Tributzahlung, die Unterwerfung unter die muslimische Herrschaft dar. Die Bestimmungen folgten der Praxis der ersten Verträge, die Mohammed bei der Unterwerfung der Oasenstädte der Arabischen Halbinsel aushandelte. Der Wortlaut des Korantextes macht in diesem Zusammenhang klar, dass die Bestimmungen ausschließlich für »Schriftbesitzer« gelten sollten. Gemeint waren damit in erster Linie Juden und Christen. Für die Muslime stehen Thora und Neues Testament auf einer niedrigeren Offenbarungsstufe als der Koran. Im Allgemeinen wurden die koranischen Vorschriften auch auf die zahlenmäßig bedeutenden Zoroastrier in Persien angewendet. Die Anwendung der koranischen Regelungen und ihrer späteren Ausführungen im sogenannten »Pakt des Umar« fielen im Alltag je nach Interpretation durch die verschiedenen islamischen Rechtsschulen sowie nach Ort und Zeit unterschiedlich aus. Die grundlegende Vorstellung war, dass die Tributzahlung ein Schutzverhältnis begründete. Juden wie Christen konnten unter muslimischer Herrschaft in der Theorie zwar nicht in vollem Umfang am gesellschaftlichen Leben teilnehmen und waren vom Aufstieg in Ämter ausgeschlossen, in denen sie Macht über Muslime ausüben konnten, doch wurden ihnen der Schutz von Leib und Leben sowie von Besitz wie auch die Religionsausübung unter Auflagen gewährt. Mohammed hatte mit seinen Aussagen über den Kampf gegen die Ungläubigen und deren Status nach der Unterwerfung ein Programm vorgegeben, dass sich schon bald in der Praxis bewähren musste.

Sturm über der Wüste

Syrien, Herbst 633. Ungeachtet der Spaltung, welche die Gemeinschaft der Gläubigen, die *umma,* schon bald nach dem Tod Mohammeds erlebte, ging die muslimische Expansion unaufhaltsam weiter. Der Gegner leistete jedoch deutlich mehr Widerstand als erwartet. Abu Bakr war mit einem starken Heer nach Norden aufgebrochen und ins Byzantinische Reich nach Syrien vorgestoßen. An ihrer gottgewollten Mission hegten die Muslime keinerlei Zweifel. Ziel des Feldzugs war es, so große Gebiete wie möglich zu erobern, um dem Glauben an Allah und seinen Propheten gleichsam das Tor zu öffnen. Unter der programmatischen Bezeichnung »die Öffnung«, *futuh,* ging der schier unersättliche Expansionshunger der Wüstenkrieger in die islamische Geschichte ein. Nun, mehr als ein Jahr nach dem Tod des Propheten, war noch nicht abzusehen, welch beispiellose Triumphe den Anhängern des neuen Glaubens beschieden sein würden. Nichts deutete darauf hin, dass die Muslime binnen Kurzem ein Weltreich errichten würden.

Die ersten bewaffneten Zusammenstöße mit dem Feind verliefen alles andere als vielversprechend. Abu Bakr, der treue Weggefährte des Propheten, erinnerte sich noch gut daran, wie die Byzantiner das muslimische Heer vor kaum vier Jahren zurückgeschlagen hatten. Jetzt war es kaum anders. Zwar gelang es dem Kalifen, kleinere byzantinische Verbände zu schlagen, doch es kostete viel Mühe. Er sah sich sogar gezwungen, seinen Feldherrn Halid ibn al-Walid, der im Süden des heutigen Iraks operierte, auf raschen Entsatz zu drängen. Nun erst vermochte er die vor Ort stationierten byzantinischen Truppen in die Knie zu zwingen. Der Entlastungsangriff von Kaiser Herakleios kam zu spät. Bei Adschnadain schlugen die Muslime am 30. Juli 634 das kaiserliche Heer. Unter Führung von Halid ibn al-Walid und Amr ibn al-As bahnten sie sich ihren Weg weiter in das Landesinnere. Kaum einen Monat nach dem Sieg über die Byzantiner, im August, starb Abu Bakr in Medina. Er fand seine letzte Ruhe an der Seite des Propheten.

Unter der Herrschaft des zweiten Kalifen, Omar (gest. 644), wurde die muslimische Expansion vorangetrieben. Nach der Niederlage der Byzantiner bei Adschnadain waren die syrischen

Städte den Muslimen weitgehend schutzlos ausgeliefert. Nach längerer Belagerung fiel Damaskus. Am 20. August 636 standen sich in der schwülen Hitze des levantinischen Sommers ein großes byzantinisches Heer und die muslimischen Truppen am Fluss Yarmuk gegenüber. Obwohl zahlenmäßig weit überlegen, waren die Voraussetzungen für einen Kampf auf Seiten der Byzantiner denkbar schlecht: Der lange Marsch hatte seine Spuren hinterlassen; hinzu kamen strategische Fehler, Resultat von Streitigkeiten unter den byzantinischen Offizieren. Ein weiteres internes Problem stellte offenbar die sprachliche Verständigung untereinander dar, da die Truppen aus verschiedenen Völkerschaften des Großreiches zusammengewürfelt waren. Die muslimischen Krieger hingegen sprachen allesamt Arabisch und verstanden somit die Befehle ihrer Kommandeure. Die geschickten Reiter aus der Wüste setzten vom Rücken ihrer wendigen Pferde aus den Byzantinern schwer zu. Nach zähem Ringen obsiegten sie am Ende. Als sie kurz danach in der Ebene zwischen Damaskus und Emesa erneut ein kaiserliches Heer bezwangen, war Syrien für Ostrom verloren. Herakleios, der dem Ansturm nichts mehr entgegenzusetzen hatte, zog seine Truppen nach Kleinasien zurück. Die längerfristigen Konsequenzen waren schmerzlicher als jeder Gebietsverlust: Jerusalem, die heiligste Stadt der Juden und Christen, fiel 638 in die Hände der Muslime. Über dem Grab Christi wehte nun das schwarze Banner des Propheten.

Ein Imperium bricht zusammen

Nehawend, Zagros-Gebirge, 642. Viel war nicht übriggeblieben von der einst so stolzen sassanidischen Streitmacht. Will man den Schilderungen des armenischen Geschichtsschreibers Sebeos glauben, eines Zeitgenossen der Ereignisse, dann vermochte der persische Großkönig Yazdegerd III. höchstens noch 60 000 Kämpfer in die bevorstehende Schlacht zu schicken. Durch die jahrelangen Kämpfe gegen den Erzfeind Byzanz und den massiven Ansturm der Muslime hatten sich die Reihen des Heeres empfindlich gelichtet. Ein Großteil der Elitetruppen war in der Schlacht gefallen oder einem noch viel mächtigeren Gegner als den Byzantinern zum Opfer gefallen – der Justinianischen Pest. Seit ihrem ersten Auftreten im Mittelmeergebiet 541 hatte die Seuche immer wieder um sich gegriffen und die Zahl der Krieger weiter dezimiert. So marschierte nun vor allem schlecht ausgebildetes Fußvolk den muslimischen Eindringlingen entgegen. Auf ihnen ruhte die letzte Hoffnung des Sassanidenkönigs, die Muslime doch noch zurückwerfen und das Zweistromland wieder unter persische Kontrolle bringen zu können.

Der junge Yazdegerd III. hatte sich vom Beginn seiner Herrschaft an gegen die Machtgelüste der Araber zur Wehr setzen müssen. Mit dem Tod seines berühmten Großvaters Chosrau II. im Jahre 628 setzte der innere Zerfall des sassanidischen Großreiches ein. Das Land versank im Strudel erbitterter Machtkämpfe. In vier Jahren wechselten zwölf Könige und sogar zwei Königinnen einander ab, bis schließlich Yazdegerd III. als letzter männlicher Spross der königlichen Familie 632 – im Todesjahr Mohammeds – die Herrschaft antrat. Sofern zutrifft, dass der neue Sassanidenherrscher um das Jahr 617 geboren wurde, war er bei seinem Herrschaftsantritt noch in jugendlichem Alter. Dennoch lasteten ungeheuere Erwartungen auf ihm: Er sollte die inneren Wirren beenden und zugleich die äußeren Feinde abwehren. Den Arabern kam die Schwäche des sassanidischen Reiches fraglos entgegen. Getreu ihrem Programm, den neuen Glauben zu verbreiten oder aber den Gegner zu Tributzahlungen zu zwingen, wagten die Muslime die Konfrontation mit der zerfallenden Großmacht. Doch Yazdegerd III. dachte nicht daran, den aus seiner Sicht unverschämten Forderungen der Anhänger Mohammeds nachzukommen. Wer war denn schon dieser hergelaufene Hirte und Karawanenhändler mit seinen Visionen gegen den gleichsam als heilig erachteten Großkönig des Perserreichs? Nie würde er, Yazdegerd III., den neuen Glauben annehmen. Mit der gleichen Entschlossenheit verweigerte er die Zahlung von Tributen. Die Gesandtschaft, die ihm der Kalif geschickt hatte, kehrte mit leeren Händen zurück. Die Muslime waren zu diesem Zeitpunkt schon weit auf sassanidisches Gebiet vorgedrungen, ohne auf nennenswerten Widerstand zu stoßen. Dadurch unterschätzten sie offenbar die noch immer beachtliche Schlagkraft der Sassaniden.

Nahe dem Euphrat bei der Stadt Hira im heutigen Irak kam es im Herbst des Jahres 634 zur sogenannten »Schlacht an der Brücke«. Anders als gewohnt konnten die Araber ihre Pferde diesmal nicht wirksam einsetzen – die Tiere scheuten angesichts der persischen Kriegselefanten und warfen ihre Reiter ab. Nicht genug damit, ließen die gefürchteten persischen Bogenschützen einen Pfeilregen auf die arabischen Invasoren niederprasseln, der einen hohen Blutzoll forderte. Viele der gestürzten Reiter wurden von den Elefanten zertrampelt, darunter auch einer der beiden arabischen Heerführer. Als die übrigen sahen, dass einer ihrer Feldherren tot und der zweite schwer verletzt war, versuchten sie verzweifelt, den Rückzug anzutreten. Die muslimische Streitmacht wurde von den Sassaniden so vollkommen aufgerieben, dass nur wenige mit dem Leben davonkamen. Doch dieser Sieg blieb der letzte Triumph der Sassaniden.

Die Muslime brauchten einige Zeit, ihre Reihen neu zu formieren und abermals vorzustoßen. Yazdegerd III. entsandte seinen erfahrenen Feldherrn Rostam Farrokhzad, der sich bereits in der »Schlacht an der Brücke« bewährt hatte, mit einer großen Armee über den Euphrat in die Gegend von Qadisiyya unweit von Hilla im Irak. Wann genau dort das entscheidende Aufeinandertreffen stattfand, das den Muslimen in der Folge das Tor zur Unterwerfung des Sassanidenreiches öffnete – ob 636, 637 oder doch erst 638 –, ist unklar. Fest steht, dass die Araber aus ihren strategischen Fehlern in der »Schlacht bei der Brücke« gelernt hatten. Als die Perser erneut Kriegselefanten einsetzten, wurden dieses Mal speziell ausgebildete Kämpfer zu Hilfe gerufen, welche die Dickhäuter mit Speeren und Pfeilen gezielt bekämpften. Ein Hauch von Legende umweht die schicksalhafte Schlacht bei Qadisiyya. Was letztlich dazu führte, dass die Muslime nach tagelangen Kämpfen obsiegten, lässt sich nicht genau rekonstruieren. Sie machten reiche Beute, darunter das juwelenbestickte Banner der Sassaniden.

Die Niederlage weihte das sassanidische Großreich dem Untergang. Die persische Militärstrategie zielte darauf ab, Feinde unmittelbar an den Grenzen zu bekämpfen. Im Landesinneren standen keine Truppen mehr, die einer Invasion entgegentreten konnten. Notgedrungen musste Yazdegerd aus seiner Hauptstadt Ktesiphon gen Osten fliehen, während die Araber immer weiter in sein Reich eindrangen. Je weiter die Eindringlinge aber in das persische Kernland vorrückten, desto erbitterter wurde der Widerstand: Yazdegerd hatte alles auf eine Karte gesetzt, seine letztes Aufgebot versammelt und in Marsch gesetzt. Nun stand die Entscheidungsschlacht bevor.

In seinem befestigten Lager wartete Yazdegerd auf Neuigkeiten: In den vergangenen Tagen hatten sich seine Krieger immer wieder Scharmützel mit den Arabern geliefert, der große Zusammenstoß stand indessen noch aus. Im Schutz der Befestigung konnte man eine Weile ausharren. Kundschafter sondierten die Lage. Wo genau stand der Feind? Wie stark waren seine Verbände? Dann aber trafen verblüffende Nachrichten ein: Die Späher vermeldeten, die muslimischen Invasoren hätten sich zurückgezogen. Das konnte nur bedeuten, dass sich die Araber auf Isfahan konzentrierten. Von dort war wider Erwarten keine Verstärkung für die Perser eingetroffen. Hatte man in Isfahan den Angreifern tatsächlich trotzen können, so dass noch Hoffnung bestand? Zumindest schien es so. Dann könnte man mit vereinten Kräften dem Feind in den Rücken fallen. Eile war gefragt! Es blieb keine Zeit, die Truppen zu ordnen, wollte man die Araber nicht entkommen lassen. Doch der Schein trog. Umso fataler wirkte die Entscheidung, das sichere Lager zu verlassen und dem vermeintlich abgezogenen Feind nachzusetzen. Die Muslime hatten nämlich ihren Abzug lediglich vorgetäuscht, um die Perser auf freies Feld zu locken. Unversehens starteten die Krieger Allahs einen Angriff gegen das überraschte Heer Yazdegerds. Den Sassaniden blieb keine Gelegenheit, sich zu formieren. Mit dem Mut der Verzweiflung kämpften sie gegen die drohende Niederlage an. Am Ende hatte die Schlacht von Nehawend auf beiden Seiten unzählige Opfer gefordert, doch mit ihrem teuer errungenen Sieg hatten die Muslime dem Sassanidenreich den Todesstoß versetzt. Provinz um Provinz fiel nun den Eindringlingen in die Hände. Yazdegerd, der das Vertrauen der Großen seines Reiches verloren hatte, vermochte der Invasion keinen ernstzunehmenden Widerstand mehr entgegenzusetzen. Sein Hilfegesuch an den chine-

Die Justinianische Pest

Innerhalb von nur zwei Jahrzehnten brachten die Muslime das sassanidische Großreich zu Fall und rissen weite Teile des byzantinischen Imperiums im Vorderen Orient wie auch in Nordafrika an sich. Die Gründe für diesen Triumphzug, der sich in seinen Ausmaßen und seiner Geschwindigkeit wohl nur mit den Eroberungen Alexanders des Großen im 4. Jahrhundert vor Christus vergleichen lässt, sind vielschichtig und werden hinsichtlich ihrer Gewichtung noch immer diskutiert. Neben innenpolitischen Problemen und den zermürbenden Kämpfen der beiden Großreiche untereinander wird als wesentlicher Faktor des muslimischen Erfolgs immer wieder die Justinianische Pest genannt.

Die Seuche brach im Jahre 541 während der Herrschaft des byzantinischen Kaisers Justinian (527–65) in Ägypten aus. Ob es sich dabei tatsächlich um die gefährliche Infektionskrankheit handelte, die in der Medizin heutzutage Pest genannt wird, lässt sich allein auf Grundlage schriftlicher Berichte nicht zuverlässig entscheiden. Dass der Erreger – das 1894 von dem Schweizer Alexandre Yersin und etwa zeitgleich von dem Japaner Shibasaburo Kitasato entdeckte Bakterium Yersina Pestis – in einer möglicherweise aggressiveren Form bereits im Mittelalter existierte, ist unlängst durch paläopathologische Untersuchungen bewiesen worden – allerdings erst für die Zeit Mitte des 14. Jahrhunderts. Für das Frühmittelalter stehen ähnliche Nachweise bislang noch aus. In den Beschreibungen zeitgenössischer Geschichtsschreiber lassen sich allerdings deutliche Gemeinsamkeiten mit dem heute bekannten Erscheinungsbild der Pest erkennen: Sie berichten von Lähmungen und Fieberschüben, begleitet von Halluzinationen und Albträumen. Hinzu kamen die charakteristischen Blutungen unter der Haut, Drüsenschwellungen im Bereich der Achseln oder der Leiste und Gelenkschmerzen. Prokop von Caesarea zufolge starben viele schon wenige Stunden, nachdem die ersten Zeichen einer Erkrankung bei ihnen aufgetreten waren.

Im Frühjahr 542 erreichte die Justinianische Pest die byzantinische Hauptstadt Konstantinopel. Bis zum Winter 543 dehnte sie sich über das gesamte Gebiet des Oströmischen Reiches aus. Im Osten hatte sich die Seuche ihren Weg bis nach Aserbaidschan gebahnt und war im Westen über Nordafrika bis zur Iberischen Halbinsel vorgedrungen. Entlang der Flussläufe verbreitete sie sich ins Innere Europas und forderte zahlreiche Opfer, so in den Bischofsstädten Reims und Trier. Der merowingische Chronist und Bischof Gregor von Tours schildert in seinem Werk eindrucksvoll die Angst, die das unerklärbare Massensterben verursachte. Obwohl Kaiser Justinian die Seuche im März 544 für erloschen erklärte, griff sie bis zur Mitte des 8. Jahrhunderts in Abständen von zehn bis fünfzehn Jahren in allen betroffenen Gebieten immer wieder um sich. Mindestens einer dieser neuerlichen Ausbrüche ereignete sich im Umfeld der islamischen Eroberungszüge während der 630er Jahre.

Die muslimischen Geschichtsschreiber erwähnen eine große Epidemie im Sassanidenreich, die besonders das Gebiet um die Hauptstadt Ktesiphon heimsuchte, und zwar im 6. Jahr der Hedschra, dem Jahr 627/28 christlicher Zeitrechnung. Der arabische Chronist as-Suyuti will von einem neuerlichen Ausbruch der Seuche wissen, die er bezeichnenderweise »Pest des Yazdegerd« nennt. In anderen Schriftzeugnissen wird diese auch »Pest von Amwas« genannt. Es steht demnach fest, dass die Seuche das Sassanidenreich wie auch das Byzantinische Reich mehrfach traf und eine unbekannte Zahl an Opfern forderte. Auch die Muslime lernten die schreckliche Wirkung der Justinianischen Pest auf ihrem Feldzug durch Palästina und Syrien kennen. Während ihres Eroberungszuges trat die Seuche bei Amwas – dem antiken Emaus, zwischen Lod und Jerusalem gelegen – plötzlich im muslimischen Heer auf. Innerhalb kürzester Zeit raffte sie zahlreiche Krieger Allahs dahin. In dieser Situation rief Kalif Omar seinen Feldherrn zurück. Dem Bericht des Chronisten at-Tabari zufolge weigerte sich Abu Ubaydah jedoch standhaft, dem Befehl des Kalifen Folge zu leisten. Daraufhin brach Omar nach Syrien auf. In Sargh, einem kleinen Ort nahe der Stadt Tabuk im Nordwesten des Hidjaz, traf er mit seinem Feldherrn zusammen. Man rief die Heerführer zur Beratung zusammen.

Die Gründe für das Auftreten der Seuche waren gemäß der religiösen Tradition rasch gefunden: Die Mehrheit betrachtete das außergewöhnliche Massensterben als Strafe Allahs für das Fehlverhalten mancher Muslime. Als besonders verwerflich galt der verbotene Genuss von Wein. Der Kalif bestimmte, dass solche Verstöße gegen die koranischen Bestimmungen innerhalb des Heeres mit Auspeitschung bestraft werden sollten. War man sich über die Ursachen der Seuche weitgehend einig, klafften die Meinungen über das weitere Verhalten auseinander. Schließlich folgte der Kalif den Empfehlungen der Stammesführer der Quraisch, das verseuchte Gebiet so rasch wie möglich zu verlassen. Abu Ubaidah hingegen betonte, dass die Lehre des Propheten jedem Muslim ausdrücklich verbiete, vor einer Seuche zu fliehen – man dürfe sich dem Willen Allahs nicht entziehen. Kalif Omar jedoch entgegnete, was immer geschehe, sei Allahs Wille. Damit war die künftige Praxis in Seuchenzeiten festgelegt. Mohammed selbst glaubte nicht an die Übertragbarkeit von Krankheiten durch Ansteckung. Er hatte aber festgelegt, dass kein Muslim verseuchtes Land verlassen oder betreten sollte. Der religiösen Überlieferung gemäß war Mohammed von einem Beduinen gefragt worden, warum sein Kamel krank geworden sei, nachdem es Kontakt zu einem erkrankten Artgenossen gehabt hatte. Darauf soll der Prophet entgegnet haben: »Wer aber steckte das erste Kamel an?«

sischen Kaiser blieb ungehört. Das Reich der Mitte interessierte sich nicht für die Nöte des Sassanidenkönigs. An seinem Zufluchtsort bei Merv wurde Yazdegerd im Jahre 651 ermordet.

»Futuh Misr« – die »Öffnung Ägyptens«

Nahe Kairo, Juli 641. Es war ein glänzender Sieg! Der byzantinische Statthalter Theodorus hatte dem Ansturm der Muslime nur wenig entgegenzusetzen, war er doch von jeglicher Unterstützung aus dem Reich abgeschnitten. Der Kaiser hatte nach den Niederlagen in Syrien und Palästina genug damit zu tun gehabt, seine Hauptstadt Konstantinopel gegen einen möglichen Angriff zu sichern und zumindest Kleinasien gegen die Invasoren zu verteidigen. Den Verlust der reichen Provinz am Nil, der mit militärischen Mitteln nicht mehr zu verhindern war, erlebte Herakleios nicht mehr. Er starb als gebrochener Mann am 11. Februar 641 an den Folgen der Fallsucht.

Während im Osten die Eroberung des Sassanidenreiches voranschritt und die Byzantiner sich immer weiter nach Norden zurückzogen, wandten sich die Muslime unter Führung des Amr ibn al-As der »Öffnung« Ägyptens zu. Im Herbst 640 bewegten sich die Truppen des muslimischen Feldherrn durch den Sinai. Nachdem das kaiserliche Heer unweit des heutigen Kairo geschlagen worden war, zogen die Krieger Allahs weiter in Richtung auf das stolze Alexandria, das 642 in ihre Hände fiel. In Ägypten trafen die Muslime ein weiteres Mal auf eine sehr gemischte Bevölkerung. Die koptischen Christen wie auch die Juden hegten nicht unbedingt Sympathien für die byzantinischen Herrscher. Die Truppen waren Besatzer ohne Rückhalt im Volk. Wenn letzteres die Araber bei ihrem Vormarsch nicht unterstützte, konnten auch die Byzantiner nicht auf dessen militärische Beteilung zählen. Ähnlich verhielt es sich in Palästina und Syrien, wo die griechisch-orthodoxen Christen ihre Vormachtstellung gegenüber den unterschiedlichen orientalischen Kirchen durchzusetzen versuchten. Noch im 12. Jahrhundert bemerkte der jakobitische Patriarch von Antiochia, Michael der Große, in seinem bedeutenden Geschichtswerk, die Byzantiner seien »ein böses und häretisches Volk«. Nach dem Fall Ägyptens setzten die Muslime ihre Expansion in Nordafrika fort. Bis zum Ende des 7. Jahrhunderts hatten sie die gesamte Küstenregion zwischen der Sinai-Halbinsel und Marokko unter ihre Herrschaft gebracht. Die Berber, die zunächst erbitterten Widerstand gegen die Invasion geleistet und sich nur halbherzig zum neuen Glauben bekehrt hatten, wurden zu einem Teil der inzwischen schier unüberschaubaren *umma*.

Verbrannte Erde

In der zweiten Hälfte des 7. Jahrhunderts war der Eroberungszug an manchen Fronten ins Stocken geraten oder zum Stillstand gekommen. Ein Grund dafür war der Konflikt zwischen Sunniten und Schiiten, der spätestens seit dem Beginn der 660er Jahre zur Zerreißprobe für die junge Glaubensgemeinschaft wurde. Doch die Atempause war nur kurz.

Die Byzantiner hatten auf ihrem Rückzug nach Norden verbrannte Erde hinterlassen. Zudem erschwerte das gebirgige Gelände Kleinasiens einen raschen Vorstoß. Die Byzantiner nahmen gelegentliche Übergriffe auf ihr Territorium in Kauf und vermieden größere militärische Konflikte mit den Muslimen. Diese wagten Konstantinopel inzwischen auch auf See die Stirn zu bieten. Mit Caesarea Maritima im heutigen Israel und Alexandria hatten sie zwei bedeutende Häfen erobert. Durch Übertritte zum Islam aus den Reihen der Küstenbewohner wurden die Wüstenkrieger in die Lage versetzt, von nun an auch das Meer militärisch zu nutzen und zu beherrschen. Byzanz geriet damit weiter in Bedrängnis. Im Jahre 649 griff die muslimische Flotte Zypern an, 655 errang sie in der »Schlacht der Masten« einen entscheidenden Sieg gegen die Oströmer. Nachdem sie sich 673 der Insel Rhodos bemächtigt hatte, belagerte sie einige Monate später gar Konstantinopel. Einzunehmen vermochten die Muslime die Metropole am Bosporus jedoch nicht trotz zahlreicher Versuche. Während die Truppen des Kalifen im Jahre 711 im Osten gegen die Grenzen des chinesischen Reiches anrannten, setzte Tausende von Kilometern weiter westlich Tariq ibn Ziyad zum Sprung über die Meerenge von Gibraltar an.

D-Day am Mittelmeer

Gibraltar, Frühjahr 711. Es geht los. Das Unternehmen ist eine logistische Meisterleistung. Einige tausend Daus stehen bereit, um die rund 7000 berberischen und arabischen Krieger mit ihren Reittieren von Ceuta aus überzusetzen. Bei klarem Wetter kann man von der afrikanischen Küste aus den markanten Felsen erkennen, der später den Namen des großen Feldherrn bekam: Djebel at-Tariq – Felsen des Tariq. Die spanische Küste scheint zum Greifen nah. Kaum mehr als zwanzig Kilometer gilt es zu überwinden. Doch das Meer ist mehrere Hundert Meter tief und das rettende Land zumindest für einige Stunden weit entfernt. Monatelang hatte Tariq auf diesen Tag gewartet. Allein der Flottenbau hatte Zeit gekostet. Zeit und eine Menge kostbares Bauholz. Auch musste man Erkundigungen über die Stärke des Gegners einholen. Die Erkundungstrupps waren mit guten Nachrichten zurückgekehrt. Sie waren bei ihrem Weg ins Landesinnere auf nur wenige Bewaffnete gestoßen. Gute Aussicht auf reiche Beute. Wenn man sich aber auf der gegenüberliegenden Seite des Meeres dauerhaft halten wollte, musste der Nachschub über das Meer gesichert sein – eine neue Situation in der Geschichte der beinahe einhundertjährigen Expansion der Muslime, die bislang vor allem über Land verlaufen war.

Tariq ist froh, als er wieder festen Boden unter den Füßen hat. Einige seiner Gefährten hatten in Anbetracht der unruhigen See ihren Mageninhalt von sich gegeben. Er hatte an sich halten können, obwohl auch ihm nicht wohl war. Ihre Ankunft ist allerdings nicht unentdeckt geblieben – Fischer haben sie gesehen. Auch wenn diese nicht wissen können, was die vielen arabischen Schiffe zu bedeuten haben, ist doch klar, dass sie kaum in friedlicher Absicht gekommen sind.

Während der Großteil des arabisch-berberischen Heeres nach kurzer Rast die Küste verlässt, errichten die Zurückgebliebenen

Das Wissen vom Islam im frühmittelalterlichen Abendland

Von den gewaltigen Umwälzungen, die im Herzen der Arabischen Halbinsel ihren Ausgang genommen hatten, nahm man im frühmittelalterlichen Abendland kaum Notiz. Am Vorabend der muslimischen Invasion auf der Iberischen Halbinsel waren der Prophet Mohammed und die Inhalte des neuen Glaubens noch weitgehend unbekannt. Das lässt sich am ehesten damit erklären, dass parallel zur Islamisierung des Vorderen Orients und Nordafrikas die Christianisierung weiter Teile Europas noch im Gange war. Bonifatius, der Apostel der Deutschen, wurde 719 mit der Mission in Germanien betraut – acht Jahre, nachdem die Muslime bei Gibraltar gelandet waren. Die Nachrichtenwege waren weit, und der Austausch zwischen Byzanz und den germanischen Reichen, die auf den Ruinen des Imperium Romanum entstanden waren, gestaltete sich aus verschiedenen Gründen schwierig.

So gelangten nur spärliche Informationen über Mohammed und seine Anhängerschaft in den Westen. Dass diese stark legendenhaften Charakter hatten, zeigt das Beispiel der vor der Mitte des 7. Jahrhunderts entstandenen Chronik des Fredegar. Darin heißt es, der byzantinische Kaiser Herakleios sei sehr an den Wissenschaften interessiert gewesen, eine seiner Vorlieben die Astrologie. Er selbst habe aus den Sternen gedeutet, dass sein Reich durch göttlichen Willen von den »beschnittenen Völkern« zerstört werden würde. Um das drohende Schicksal abzuwenden, habe sich Herakleios mit einem Hilfegesuch an den merowingischen König Dagobert I. (gest. 638/39) gewandt. Der byzantinische Kaiser hatte die Weissagung so verstanden, dass seinem Reich Gefahr von den Juden drohe. Allerdings konnte er nicht bestimmen, aus welcher Himmelsrichtung das Unheil kommen sollte. Dem merowingischen Geschichtsschreiber zufolge wollte sich Herakleios für den Fall einer jüdischen Bedrohung der Unterstützung Dagoberts versichern. Er bat den Merowingerkönig deshalb, alle Juden seines Reiches taufen zu lassen. Der Kaiser selbst wollte in seinem Herrschaftsbereich das Gleiche zu tun. Offenbar war diese Erklärung die einzige, die der merowingische Chronist aus eigener Erfahrung haben konnte. Dass die Araber ebenfalls die Beschneidung praktizierten, war ihm vollkommen unbekannt. Immerhin werden diese auf dem Höhepunkt seines Berichts erwähnt: Die Fredegar-Chronik schildert die byzantinischen Niederlagen gegen die »Sarazenen« und weiß von deren Eroberung Jerusalems. Dass der Kaiser allerdings seine Hauptstadt räumen musste, entspringt der Fantasie des Chronisten. Woher die schlagkräftigen »Sarazenen« kamen, wusste er nicht genau. Er glaubte einen Berg des Kaukasus am Schwarzen Meer als Herkunftsort ausmachen zu können. Über den neuen Glauben jedoch oder über den Propheten Mohammed erzählt er nichts.

Noch lange, nachdem die Muslime auf der Iberischen Halbinsel Fuß gefasst haben, interessieren sich die christlichen Geschichtsschreiber des frühmittelalterlichen Europas nicht für deren Glauben. In den erzählenden Quellen des 8. bis 10. Jahrhunderts werden die *Sarraceni* lediglich als fremde Eindringlinge wahrgenommen – auf gleicher Stufe mit den Wikingern. Das trifft auch für Werke zu, die fernab vom Geschehen entstanden sind, wie etwa die »Kirchengeschichte des englischen Volkes« aus der Feder des angelsächsischen Mönchsgelehrten Beda Venerabilis (gest. 735). Beda hatte Kenntnis von der Schlacht bei Tours und Poitiers im Jahre 732. »Zu dieser Zeit«, so berichtet er, »verheerte das schreckliche Unheil der Sarazenen Gallien durch ein schreckliches Blutbad, und sie erlitten kurz darauf in diesem Land die ihrem Unglauben gebührende Strafe.« Doch selbst in solchen Regionen, in denen sich die Christen mit den Muslimen militärisch auseinandersetzen – im Süden Italiens und auf der Iberischen Halbinsel – tauchen in den überlieferten Schriftzeugnissen noch keine Aussagen über den Islam auf. Erst in der lateinischen Übersetzung der griechischen Chronik des Byzantiners Theophanes Homologetes (gest. 817/18) aus dem 9. Jahrhundert taucht erstmals eine Wertung Mohammeds auf. Er wird in der Schrift als »Pseudoprophet« bezeichnet. Dieses Urteil steht am Beginn der langen Auseinandersetzung mit dem Religionsstifter im Abendland.

einen Brückenkopf. Auf ihrem Weg ins Landesinnere stoßen die Invasoren kaum auf Widerstand. Wann wird ihnen das königliche Heer entgegentreten? Mit dieser Frage schläft Tariq an diesem schicksalhaften Tag ein.

+++ Kampf um die Iberische Halbinsel – Widerstand formiert sich in Asturien +++

Vernichtend schlagen die arabischen und berberischen Invasoren das westgotische Heer unter Führung König Roderichs am Guadalete. Bald darauf fällt die Hauptstadt Toledo in die Hand der Muslime. Immer weiter bahnen sich die Eroberer ihren Weg. Die westgotische Elite flieht in die unwirtlichen Berge Asturiens und Kantabriens im Norden. Über weiten Teilen der Iberischen Halbinsel weht von nun an das Banner des Propheten Mohammed. Doch schon formiert sich der christliche Widerstand. Bei Covadonga gelingt es zum ersten Mal, die Muslime zu besiegen. Die Reconquista beginnt.

Ein König mit Problemen

Baskisch-westgotisches Grenzgebiet, Frühjahr 711. König Roderich hatte allen Grund zur Sorge. Die stolzen Basken wiedersetzten sich nicht nur standhaft den Expansionsgelüsten ihrer westgotischen Nachbarn, sie stifteten auch immer wieder Unruhe im Grenzgebiet. Daher war der Herrscher mit seinem Heer nach Norden aufgebrochen, um die baskischen Aufrührer in die Schranken zu weisen. Doch auch aus dem Süden drohte Gefahr. An verschiedenen Orten der Region Baetica waren im vergangenen Sommer Gruppen fremder, bewaffneter Reiter gesehen worden. Den Berichten der Boten zufolge war es da und dort zu kleineren Scharmützeln mit den Fremden gekommen. Kleidung, Aussehen und Sprache der Eindringlinge ließen keine Zweifel daran, dass die Männer von jenseits des Meeres stammten. Roderich wusste aus eigener Erfahrung, dass die Provinz immer wieder von berberischen und arabischen Plünderern heimgesucht wurde. Vor seiner Thronbesteigung 710 war er für die Verwaltung der Baetica zuständig gewesen, die sich in etwa vom heutigen Almería im Osten bis zur heutigen portugiesischen Grenze am Fluss Guadiana erstreckte. Doch dieses Mal waren die berittenen Trupps deutlich größer gewesen und ungewöhnlich weit ins Landesinnere eingedrungen. Zudem hatten sie sich mit wenig Beute zufrieden gegeben. Was hatte das zu bedeuten?

Roderich regierte das Westgotenreich erst seit wenigen Monaten. Über seine Person ist wenig bekannt. Die spärlichen Angaben einer asturischen Chronik aus dem 9. Jahrhundert benennen Theodefreth, den Bruder des 672 verstorbenen Königs Rekkeswinth, als seinen Vater. Der Verschwörung verdächtigt, wurde Theodefreth geblendet und aus der westgotischen Hauptstadt Toledo verbannt. Der Verbannte ließ sich in Córdoba nieder. Dort heiratete er Ricilo, eine Frau aus begütertem Haus, die Mutter König Roderichs. Der sogenannten »Mozarabischen Chronik« aus der Mitte des 8. Jahrhunderts zufolge war Roderichs Thronbesteigung von innenpolitischen Konflikten überschattet. »Stürmisch« habe der König die Herrschaft übernommen, heißt es darin. Die vagen Angaben des anonymen Geschichtsschreibers geben bis heute Anlass zu Diskussionen über den genauen Ablauf der Ereignisse. Der vorherrschenden Deutung gemäß wurde Roderich auf einer Versammlung weltlicher Großer und Bischöfe nach dem Tod König Witizas (reg. 700/02–710) mehrheitlich zu dessen Nachfolger gewählt. Die Machtkämpfe innerhalb des westgotischen Adels dauerten zu dieser Zeit schon seit mehr als dreißig Jahren an. Mit der Thronerhebung Wambas im Jahre 672 hatte die zuvor von König Chindaswinth (reg. 642–653) begründete Dynastie die Herrschaft verloren. Will man der Chronik des Königs Alfons III. von Asturien (866–910) glauben, dann stammte Roderich durch seinen Vater Theodefreth in direkter Linie von Chindaswinth ab. Roderichs Wahl zum König hätte damit eine Wiederanknüpfung an die alte dynastische Tradition bedeutet. Dagegen leisteten die Familie des verstorbenen Königs Witiza und deren Anhänger, die auf das Erbrecht pochten und einen Nachfolger aus ihren Reihen stellen wollten, erbitterten Widerstand. Sie erhoben Agila II. (reg. 710/711–716) zum Gegenkönig. So regierte Roderich de facto wohl nur den größten Teil, nicht aber die Gesamtheit des Westgotenreiches. Trotz der Gefahr, die dem Reich durch die expansionslüsternen Nachbarn aus Nordafrika drohte, setzten sich die innenpolitischen Querelen fort. Diese Situation hat sich deutlich auf die Bewertung der muslimischen Invasion im Frühjahr 711 in der christlichen Geschichtsschreibung niedergeschlagen. Schon die im Jahre 754 verfasste »Mozarabische Chronik« erwähnt, dass ein Bruder des verstorbenen Königs Witiza, Bischof Oppa von Sevilla, gemeinsame Sache mit den Muslimen gemacht habe. In späteren Geschichtswerken tauchen die sogenannten anti-witizianischen Legenden in verschiedenen Varianten auf, die heute allgemein als bewusste Verzerrungen angesehen werden. Im Mittelpunkt steht dabei stets das Motiv des Verrats durch die Söhne Witizas und Bischof Oppa. Nicht genug damit, führten die am Ende des 9. Jahrhunderts im Umfeld König Alfons' III. wirkenden Chronisten ihre Deutung über politische Aspekte hinaus. Nach ihrer Interpretation erfolgte die Vernichtung des Westgotenreiches als göttliche Strafe für den unchristlichen Lebenswandel der Herrschenden. Witiza und seine Söhne, so heißt es, hätten mehrere Ehefrauen genommen und sich ungeniert mit Mätressen vergnügt. Nicht genug damit, verlangten sie von der Geistlichkeit, es ihnen nachzutun. Nach dem Herrschaftsantritt Roderichs habe sich diese Unmoral sogar noch gesteigert. Verrat aus den eigenen Reihen und irdische Ausschweifungen, gefolgt von einem himmlischen Strafgericht, sind nur zwei Aspekte einer auf christlicher wie muslimischer Seite überaus reichen Legendenbildung im Hinblick auf die Ereignisse von 711. Im Mittelpunkt der arabischen Überlieferung steht die Legende vom verschlossenen Haus und von der Rache des *comes* Julian, der angeblich als byzantinischer Statthalter im nordafrikanischen Ceuta wirkte.

Das verschlossene Haus oder König Roderich, ein Vergewaltiger?

Der muslimischen Tradition zufolge erfüllte sich mit der Eroberung von 711 eine alte Prophezeiung. Die Legende berichtet von einem geheimnisvollen Haus in Toledo, dessen Türen von den westgotischen Herrschern sorgsam verschlossen gehalten wurden. Jeder König hatte ein weiteres Schloss hinzugefügt, so dass nicht weniger als 24 Schlösser den Eingang schützten. Darüber prangte eine warnende Inschrift mit den Worten: »Das Königtum bleibt uns erhalten, solange dieses Haus verschlossen bleibt. Wenn es geöffnet wird, wird unsere Herrschaft untergehen.« Nachdem Roderich den Thron bestiegen hatte, wollte er allen Warnungen seiner Ratgeber zum Trotz das Geheimnis des Hauses lüften. Dabei wurde er der Legende nach vor allem von der Gier nach Gold getrieben. Der König war überzeigt, hinter den verriegelten Türen reiche Schätze zu finden, die seine Vorfahren angehäuft hatten. Ohne zu zögern, ließ er die Schlösser aufbrechen. Was er im Inneren des Hauses erblickte, ließ ihm den Atem stocken. Statt der erwarteten Reichtümer war der Raum angefüllt mit lebensgroßen Figuren von Reiterkriegern mit Pfeil und Bogen. Indem der König die Türen des Hauses geöffnet hatte, ließ er deren gebundene Kräfte frei und besiegelte durch diesen Fevel seinen eigenen Untergang.

Das Erzählmotiv der unter Verschluss gehaltenen Krieger und ihrer Befreiung war im Orient weit verbreitet. Der jakobitische

Patriarch von Antiochia, Michael der Syrer (1126–1199), greift darauf im Zusammenhang mit dem Beginn der Kreuzzüge zurück. Michaels Schilderung zufolge fand man einen geheimen, seit undenklichen Zeiten verschlossenen Raum mit tönernen Reiterstandbildern. Diese Talismane haben nach seinen Worten die Ankunft der Kreuzritter in der Levante angekündigt. Wie in Toledo war auch in dieser Erzählvariante das spätere Schicksal durch das Eindringen in die Kammer besiegelt. Selbst die Zerstörung der Figuren habe nichts an der göttlichen Vorherbestimmung ändern können, weiß der Patriarch zu berichten. Doch nicht nur widerrechtlicher Zutritt in das verschlossene Haus und Habgier werden Roderich in den arabischen Geschichtswerken vorgeworfen, einige Geschichtsschreiber stellen den König zudem als ruchlosen Vergewaltiger dar.

Deren Schilderung zufolge lebte jenseits der Meerenge im nordafrikanischen Ceuta ein byzantinischer Statthalter namens Julian. Ob diese in späten arabischen Quellen Iulyan ar-Rumi, Julian der Römer, genannte Figur tatsächlich existierte oder ins Reich der Fantasie gehört, ist nicht eindeutig geklärt. Jedenfalls erwies sich die Legende als langlebig und war im 13. Jahrhundert auch im christlichen Bereich voll ausgeprägt. Angeblich hat Julian seine Tochter zur Erziehung an den westgotischen Hof nach Toledo geschickt. Der lüsterne König Roderich sei alsbald auf deren Schönheit aufmerksam geworden, habe die junge Frau vergewaltigt und geschwängert. Späteren Varianten zufolge soll es Julians Frau gewesen sein, die vom Westgotenkönig missbraucht wurde. Frühere Versionen hingegen schreiben die Übeltat Witiza anstatt Roderich zu. Wie dem auch sei, am Ende übt Julian grausame Rache für die Ehrverletzung, stachelt die Muslime zum Angriff auf und unterstützt die muslimische Invasion des westgotischen Reiches mit Schiffen.

Obwohl der Wahrheitsgehalt dieser wie der übrigen Legenden getrost bezweifelt werden kann, scheinen doch Anzeichen eines inneren Verfalls durch. Das Zusammenspiel verschiedener Faktoren führte schließlich zum Untergang des Westgotenreiches. Die wesentliche Rolle spielten dabei die anhaltenden Machtkämpfe des Adels, welche die königliche Gewalt schwächten und einer

Der lange Weg der Westgoten

Mit dem plötzlichen Erscheinen der Hunnen im Osten Europas setzte um 375 nach Christus die große Völkerwanderung ein. Auf der Flucht vor dem kriegerischen Reitervolk aus den Steppen Asiens überquerten die nördlich der Donau siedelnden gotischen Stämme den Fluss, um sich mit Billigung von Kaiser Valens in Thrakien auf dem Gebiet des Römischen Reichs niederzulassen. Die Ansiedlung von Grenzvölkern als sogenannte »Foederaten« war im Imperium Romanum nichts Ungewöhnliches. Bündnisverträge, lateinisch *foedera,* bildeten die rechtliche Grundlage dafür. In diesem Fall aber geriet den Römern die massenhafte gotische Zuwanderung außer Kontrolle. Die römischen Grenztruppen wurden einfach überrannt. So behielten die Flüchtlinge entgegen dem Recht der *foedera* ihre Waffen. Dadurch wurden die unbequemen Gäste zu einer militärischen Bedrohung für Rom. Kaiser Valens, der versuchte, sich dem Zustrom entgegenzustellen, fiel ebenso wie die Mehrzahl seiner Soldaten in der Schlacht bei Adrianopel im August 378. Obwohl Rom und die Westgoten zwei Jahre später einen Vertrag schlossen, war der Friede nicht von Dauer.

Um die Wende zum 5. Jahrhundert trotzte der Gotenkönig Alarich dem weströmischen Kaiser Honorius mit aller Macht. Auf dem Höhepunkt der Auseinandersetzung zog Alarich mit einem großen Heer nach Rom, eroberte die Stadt im August 410 und gab sie zur Plünderung frei. Als er bald darauf starb, wurde sein Schwager Athaulf zum neuen Heerkönig der Westgoten. Ihr Weg ging weiter Richtung Westen. Sie verwüsteten den Süden Galliens. Erst nach der Ermordung Athaulfs gelang die allmähliche Annäherung an Westrom. Im Jahre 416 sicherte sich der Westgotenkönig Walia in einem Bündnisvertrag mit den Römern für die militärische Unterstützung gegen Vandalen und Alanen auf der Iberischen Halbinsel Getreidelieferungen. Auf Betreiben des späteren Kaisers Constantius III. (gest. 421) wurde den Westgoten 418 erlaubt, sich im Südwesten Galliens niederzulassen. Toulouse wurde zur

Hauptstadt des Westgotenreiches. Damit fand der lange Weg nach nahezu einem halben Jahrhundert sein vorläufiges Ende.

Beredtes Zeugnis vom raschen Aufblühen des tolosanischen Westgotenreiches legt bis heute der Codex Euricianus ab, das älteste der überlieferten frühmittelalterlichen Germanenrechte. Die Gesetzessammlung entstand unter König Eurich (reg. 466–484) oder seinem Sohn Alarich II. (reg. 484–507). Sie regelt vor allem Fragen des Besitz- und Erbrechts. Auf der Iberischen Halbinsel wurde der Codex Euricianus im späten 7. Jahrhundert zur Lex Visigothorum erweitert. Diese enthält unter anderem Bestimmungen zum Handel und zur Tätigkeit von Heilkundigen. Im Jahre 507 fiel das tolosanische Westgotenreich dem Machthunger seiner fränkischen Nachbarn zum Opfer. Der Merowingerkönig Chlodwig verleibte sich nach der Schlacht bei Vouillé seinen größten Konkurrenten um die Oberherrschaft in Gallien ein.

In der Folgezeit gelang den Westgoten eine neue und zugleich letzte Reichsgründung jenseits der Pyrenäen auf der Iberischen Halbinsel. Fortan an war Toledo die Hauptstadt. Trotz zahlreicher innerer Wirren erlebte das toledanische Westgotenreich eine eindrucksvolle Blüte. Wohl bedeutendster Vertreter dieser frühmittelalterlichen Kultur war der gelehrte Bischof Isidor von Sevilla (gest. 636). Mit seinen »Etymologiae« verfasste er ein grundlegendes Werk mittelalterlicher Bildung. Die Westgoten der Iberischen Halbinsel herrschten über ein buntes Gemisch verschiedener ethnischer Gruppen. Die größte in entscheidenden Machtpositionen an der Führung beteiligte Volksgruppe waren die Hispanoromanen. Daneben wurden die unterschiedlichen Regionen des Landes von Iberern, Basken, Sappi und weiteren Völkerschaften bewohnt. Eine demographische Größe stellte auch die jüdische Bevölkerung dar. Für die Juden hatte die westgotische Herrschaft viele Schattenseiten. In engem Zusammenspiel von weltlicher und geistlicher Herrschaft wurden die Juden auf der Iberischen Halbinsel härter unterdrückt als in allen anderen

Reichen des frühmittelalterlichen Europas. Neben Zwangstaufen findet sich auch die Empfehlung, jüdischen Eltern ihre Kinder wegzunehmen, um sie in christlichen Familien erziehen zu lassen. Allerdings scheinen die Bestimmungen nie rigoros in die Tat umgesetzt worden zu sein, denn zur Zeit der muslimischen Invasion bildeten die Juden noch immer eine zahlenmäßig bedeutende Minderheit. Für sie bedeutete der Zusammenbruch der westgotischen Herrschaft infolge der Ereignisse des Jahres 711 die Befreiung von einem schweren Joch.

Vereinigung der militärischen Kräfte wie auch einer nötigen Heeresreform entgegenstanden. Hinzu kamen die längerfristigen Auswirkungen der sogenannten Justinianischen Pest, die in mehreren Schüben zwischen 541 und etwa 750 immer wieder aufflammte. An der Wende zum 8. Jahrhundert hatte die Seuche die Iberische Halbinsel schwer heimgesucht. Der damit einhergehende Bevölkerungsverlust wirkte sich negativ auf die Wirtschaft aus. Auch gab es eine rigorose antijüdische Gesetzgebung, die 694 im 17. Konzil von Toledo gipfelte. Nachdem Gerüchte laut geworden waren, die Juden pflegten Kontakte zu den Arabern und planten möglicherweise eine Verschwörung, empfahl König Egica (reg. 687–698/702) eine Vertreibung aller Juden aus dem Westgotischen Reich. Darüber hinaus sollten jüdische Kinder ab dem siebten Lebensjahr von ihren Eltern getrennt und in die Obhut christlicher Familien gegeben werden. Ferner wurde von den Juden gefordert, ihre Sklaven zu entlassen und diesen einen Teil ihrer Habe zu überlassen. Angesichts einer solchen Gesetzgebung dürften die Hoffnungen der Juden auf einen baldigen Herrschaftswechsel gerichtet gewesen sein. Dank weitgespannter Beziehungen der Gemeinden untereinander und familiärer Bindungen könnten sie gewusst haben, dass ein Leben unter muslimischen Machthabern für sie Schutz, Rechtssicherheit und – wenn auch mit Auflagen – Glaubensfreiheit bedeutete. Diese Ausgangslage vereinfachte zwar die muslimische Eroberung der Iberischen Halbinsel und beschleunigte den Untergang des Westgotenreiches, bietet aber keine hinreichende Erklärung für die Invasion als solche. Diese ist vielmehr als natürliche Fortsetzung der muslimischen Expansion anzusehen, die noch zu Lebzeiten Mohammeds (um 570–632) begonnen und sich ungebremst von einem Triumph zum nächsten fortgesetzt hatte. Erklärtes Ziel der Muslime war es ja, den neuen Glauben in der gesamten bekannten Welt zu verbreiten. Nach der Eroberung Nordafrikas war es also nur noch eine Frage der Zeit, wann der Angriff auf Europa erfolgen würde. Dass die Invasoren dafür den denkbar günstigsten Moment wählten, mag einer der vielen Zufälle der Weltgeschichte sein.

Entscheidung am Guadalete

Arcos de la Frontera, 23. Juli 711. Roderich war erschöpft. Unermüdlich und unerbittlich hatte er seine Armee vorangetrieben, nachdem die Nachrichten aus dem Süden eingetroffen waren. Die Gluthitze des Sommers verlangte dem König und seinen Männern das Letzte ab. Unter den Panzern der Reiter war es unerträglich heiß. Niemand kannte die genaue Stärke des Gegners. Fest stand nur, dass es Tausende von Berbern und Arabern waren, deren Schiffe die Küstenbewohner vor einigen Wochen bei Gibraltar gesichtet hatten. Umgehend hatte Roderich von den Basken abgelassen – dieses Problem schien vorerst kleiner – und war in die ihm vertraute Baetica geeilt.

Tariq ibn Ziyad, der ihm an diesem unheilschwangeren Tag gegenübertreten wird, war berauscht von der Leichtigkeit, mit der seine Truppen vorgedrungen waren und reiche Beute gemacht hatten. Wenn er den König besiegen würde, wäre der Weg zur westgotischen Hauptstadt mit all ihren Schätzen frei. Der Vorteil war ganz klar auf seiner Seite. Die Krieger Allahs waren die Hitze nicht nur gewohnt, sie waren in ihren weiten Gewändern auch viel beweglicher als der Feind. In einer offenen Feldschlacht, die ja zu erwarten stand, konnten sie wiederum auf die Wendigkeit ihrer vorzüglichen Pferde und das Geschick ihrer Bogenschützen setzen.

Dann begann die Schlacht. Über ihren Verlauf ist kaum etwas bekannt. Die Schriftzeugnisse wissen nur Legendenhaftes vom Untergang des Westgotenreiches mitzuteilen. Fest steht, dass sich die Konfrontation über acht Tage hinzog und dass die Invasoren schließlich den Sieg davontrugen. Roderich fiel. Die Überlebenden des westgotischen Heeres zogen sich nach Norden zurück. Die sterblichen Überreste ihres Königs führten sie mit sich bis nach Viseu in Nordportugal. Dort wurde Roderich, der letzte Herrscher der Westgoten, beigesetzt. Einer weit verbreiteten Legende zufolge soll der Westgotenkönig indessen mit dem Leben davongekommen sein – verkleidet sei ihm die Flucht ins Kloster Cauliana nahe Mérida gelungen. Als die muslimischen Invasoren weiter vorrückten, habe der König ein wundertätiges Bild der Muttergottes an sich genommen und in Begleitung eines Mönchs vor den

Ungläubigen in Sicherheit gebracht. Der Weg führte Roderich und seinen Gefährten weit in den Norden der Iberischen Halbinsel nach Nazaré im heutigen Portugal. Dort, so will die fromme Überlieferung wissen, hätten die beiden Männer künftig als Einsiedler gelebt. Im Jahre 1179, mit dem Voranschreiten der Reconquista, wurde das wunderbare Marienbild aus seinem Versteck geborgen. Nazaré entwickelte sich in der Folgezeit zu einem bedeutenden Wallfahrtsort.

Kampf um al-Andalus

Toledo, November 711. Der König ist tot! Die Feinde kommen! Wie ein Lauffeuer verbreitete sich die Nachricht vom Sieg der Muslime am Guadalete bis in die altehrwürdige Hauptstadt Toledo. Sie blieb nicht ohne Folgen.

Als Tariq ibn Ziyad im November Toledo erreichte, lag vor ihm eine Geisterstadt, menschenleer und verlassen. Der Bischof und die meisten Christen – darunter die westgotische Oberschicht – waren vor den anrückenden Muslimen geflohen. Will man der Überlieferung glauben, waren vor allem die jüdischen Einwohner geblieben. Sie begrüßten die Krieger Allahs als Befreier vom Joch der Westgoten und öffneten ihnen die Stadttore. Dem späten Bericht des Al-Maqqari zufolge gab Tariq ibn Ziyad die Stadt sogar vorübergehend in die Obhut der Juden, weil er auf dem weiteren Eroberungszug keinen seiner Kämpfer entbehren konnte. Tatsächlich ist über die sozialen und wirtschaftlichen Verhältnisse in Toledo zu Beginn des 8. Jahrhunderts fast nichts bekannt. Selbst die Gestalt der westgotischen Königsstadt lässt sich nicht rekonstruieren. Keines ihrer zahlreichen Gebäude, nicht einmal in späterer Zeit verbaute Teile haben die Zeiten überdauert. Ebenso wenig lassen sich verlässliche Aussagen über die Größe der jüdischen Gemeinschaft oder ihre Organisation treffen. Wenn die Juden in der ersten Phase muslimischer Herrschaft über Toledo aufgrund ihrer Ortskenntnis eine Rolle beim Aufbau des Verwaltungsapparats gespielt haben sollten, so werden die siegreichen Muslime

Jüdische Tradition in al-Andalus – Gründungslegende einer Stadt

Die meisten alten Städte haben Gründungslegenden. Chronisten bemühten sich, ihrer Stadt ein hohes Alter und würdige Gründer zu geben – Trojaner auf ihrer Irrfahrt, biblische Gestalten oder Figuren aus der klassischen Mythologie sind am beliebtesten. So verhält es sich auch mit Toledo. In seiner 1605 verfassten Beschreibung der Stadt behauptet Fernando de Pisas, kein Geringerer als der Halbgott Herkules sei ihr Gründervater gewesen. Daneben existiert eine erstaunliche weitere Variante, in der Juden die Hauptrolle spielt. Die frühneuzeitliche Lokalgeschichtsschreibung verweist auf eine weithin bekannte hebräische Legende, deren Ursprünge bis in das Mittelalter zurückreichen und der zufolge Toledo von Juden gegründet wurde. Der Gründungsmythos verweist auf das Selbstbewusstsein und -verständnis der Toledaner Juden in den Jahrhunderten vor ihrer Vertreibung. Er wurde sogar von christlichen Geschichtsschreibern aufgenommen. Während einige von diesen die Legende von der jüdischen Stadtgründung ablehnen, sind zahlreiche andere von deren Glaubwürdigkeit überzeugt. Das Aufgreifen dieser Legende durch christliche Geschichtsschreiber noch Jahrzehnte nach der Vertreibung der Juden von der Iberischen Halbinsel spricht für deren einst bedeutende Stellung in der städtischen Gesellschaft. Die Erinnerung daran blieb auch nach 1492 lebendig und wirkt bis heute auf das Bild vom vermeintlich friedvollen Zusammenleben der Religionen in Toledo. Der Blick auf die Details offenbart freilich, dass diese sogenannte *convivencia* sich im Alltag keineswegs immer so konfliktfrei und schon gar nicht gleichberechtigt gestaltete.

Einer hebräischen Erzähltradition zufolge, die im Laufe der Zeit eine Reihe von Ausschmückungen und Deutungen erfuhr, war Toledo die älteste Ansiedlung von Juden auf der Iberischen Halbinsel. Unmittelbar nach ihrer Ankunft hätten sie dort ihr Gotteshaus Ibn Schuschan errichtet (im Jahre 1405 durch den Orden von Calatrava in die Kirche Santa María la Blanca umgewandelt), das nach dem in Jerusalem der zweite jüdische Tempel überhaupt war. Die Gründerväter der Stadt gehörten den biblischen Stämmen Juda und Benjamin an und seien noch vor der Zerstörung des ersten Jerusalemer Tempels durch die Babylonier im Jahre 587 v. Chr. in Spanien ansässig geworden, will der Religionsphilosoph Isaak Abrabanel (1437–1508) in seinem Kommentar zu den zwei Büchern der Könige wissen. Abrabanel, der in Spanien und Portugal auch als Finanzberater verschiedener Könige und später des Dogen von Venedig fungierte, erklärt den Ortsnamen Toledo als Ableitung aus der Wurzel *TUL*. Das zugehörige Verb bedeutet »bewegen«, das hieraus gebildete Substantiv *tiltul* heißt »Übergang« oder »Reise«. Die größte Verbreitung aber erlangte die Deutung, Toledo gehe auf das hebräische *Toledot* zurück – wörtlich »Generationen«. Diese Bezeichnung deutet am direktesten auf die lange Geschichte jüdischen Lebens in der Stadt, die wahrscheinlich in die Zeit vor der großen Völkerwanderung zurückreicht. Bis zum 4. Jahrhundert gab es in der Hispania nur eine dünne jüdische Besiedlung. Um 300 waren es vor allem Tarragona und der im Westen angrenzende Küstenstreifen, in denen sich Juden in größerer Zahl niedergelassen hatten, daneben Córdoba und Mérida (Emerita Augusta). Erst in der Folgezeit entstand im gesamten Süden der Iberischen Halbinsel eine größere Anzahl jüdischer Niederlassungen, darunter in Toledo.

ihnen gewiss nicht die alleinige Gewalt über die Stadt übertragen haben. Wahrscheinlicher ist vielmehr, dass die Eroberer von den Juden keinen Widerstand befürchten mussten. Vorübergehend reichte eine vergleichsweise kleine Zahl muslimischer Krieger als Besatzung aus, um die wenigen verbliebenen Christen unter Kontrolle zu halten.

Als dem muslimischen Statthalter von Afrika (arab. *Ifriqiya*), Musa Ibn Nusair, die Nachricht von den Erfolgen seines Feldherrn Tariq ibn Ziyad überbracht wurde, zögerte er nicht lange. Immerhin lautete die Botschaft, dass die Westgoten sich nahezu vollständig zurückgezogen hätten und dass wenig Widerstand zu erwarten war. Darüber hinaus – und das lockte vielleicht mehr als jeglicher Schlachtenruhm – hatten die Invasoren reiche Beute gemacht, besonders in der Hauptstadt Toledo, wo ihnen der westgotische Königsschatz mitsamt einem besonders wertvollen Artefakt in die Hände gefallen war: dem legendären Tisch des biblischen Königs Salomon. Er hat eine eigene Geschichte, auf die wir zurückkommen werden.

Im Juni 712 setzte Musa in Begleitung von schätzungsweise 18 000 Kriegern über die Meerenge von Gibraltar und führte diese mit den Truppen des Ibn Ziyad zusammen. Gemeinsam machten sich die Heerführer daran, die Iberische Halbinsel zu unterwerfen. Dabei setzten sie nicht allein auf militärische Stärke, vielmehr wurden auch Verträge mit potentiellen Gegnern zu einem wichtigen Instrument. Will man den Quellen glauben, dann versuchten die Invasoren, Teile der westgotischen Führungsschicht gegen Gewährung von Privilegien an sich zu binden. So wurde den Söhnen Witizas, den Widersachern des in der Schlacht am Guadalete getöteten Königs Roderich, vielleicht ein Teil des vormaligen königlichen Besitzes übertragen. Anderen überließ man die Herrschaft über ein kleines eigenes Territorium, wenn sie die muslimische Oberhoheit anerkannten. Erhalten ist ein solcher Vertrag vom April des Jahres 713 mit dem Westgoten Teudemir, der größere Gebiete in der Gegend des heutigen Murcia beherrschte. Abd al-Aziz ibn Musa ibn Nusair sicherte ihm die Befehlsgewalt über all seine bisherigen Ländereien zu. Darüber hinaus wurde festgesetzt, dass keiner seiner Untertanen getötet, versklavt oder von seiner Familie getrennt werden durfte. Die Muslime verpflichteten sich zudem, christliche Gotteshäuser unangetastet zu lassen und keine Kirchenschätze zu rauben. Auch durfte kein Christ aufgrund seines Glaubens beleidigt werden. Im Gegenzug musste Teudemir den neuen Oberherrschern regelmäßig Abgaben zahlen, wodurch der Schutzvertrag überhaupt erst zustande kam. »Er und seine Leute«, so heißt es in dem Dokument, »müssen jährlich […] Abgaben entrichten«. Außerdem erklärte sich Teudemir bereit, sieben Städte an die muslimischen Invasoren abzutreten. Der Schutzvertrag verpflichtete den Westgoten zur Loyalität gegenüber der muslimischen Vertragspartei. So durfte er in seinem Herrschaftsgebiet weder Flüchtlinge aufnehmen, noch Feinden der Muslime Obdach gewähren oder Verbündete der Muslime bedrohen. Doch die Bestimmungen gingen über diese Einschränkung der Handlungsmöglichkeiten noch hinaus. Als Bündnispartner sollte Teudemir sämtliche Informationen über feindliche Aktivitäten umgehend den Schutzherren zur Kenntnis bringen.

Bis 714 setzten Musa ibn Nusair und Ṭariq ibn Ziyad ihren Eroberungszug auf der Iberischen Halbinsel fort. Die neu gewonnenen Partner hielten ihnen den Rücken frei. Damit konnten sich die Invasoren zunächst auf die Einnahme strategisch wichtiger Städte konzentrieren, um im Eroberungsgebiet fest Fuß zu fassen. Von diesen Stützpunkten aus, waren sie erst einmal gesichert, ließ sich in der Folgezeit eine Herrschaft aufbauen. Manche Gegenden wie etwa das Umland von Toledo waren durch die Flucht der angestammten Bevölkerung weitgehend entvölkert und mussten wiederbesiedelt werden.

Der »Tisch des Königs Salomon« – Kernstück des westgotischen Staatsschatzes

Der Mythos um die verschollenen Schätze aus dem Tempel von Jerusalem, welche die Römer nach dessen Zerstörung 70 n. Chr. raubten, beflügelt bis heute die Fantasie. Das gilt vor allem für die Bundeslade, in welcher der Überlieferung nach die Gesetzestafeln aufbewahrt wurden. Der siebenarmige Leuchter, die Menorah, und der Schaubrottisch sind auf dem Titusbogen in Rom dargestellt und deutlich zu erkennen. Die Kultgeräte aus dem herodianischen Tempel waren geistliche wie weltliche Herrschaftssymbole von herausragendem Repräsentationswert. Für die Römer prunkvolle Zeichen ihrer überlegenen Macht, war der Besitz dieser Gegenstände seit der Christianisierung des Abendlandes zugleich mit Herrschaftsanspruch und -legitimation verbunden. Zahlreiche Legenden ranken sich seither um den Jerusalemer Tempelschatz, der möglicherweise längst in römischen Schmelztiegeln eingeschmolzen worden war. Eine dieser Legenden weiß zu berichten, dass der goldene Schaubrottisch während der Plünderung Roms im August 410 in den Besitz der Westgoten und so schließlich nach Toledo gelangte. Dieses auf göttliches Geheiß gefertigte Stück der Tempelausstattung (2. Mose 25,23–30) stellte seit dem Verschwinden der Bundeslade während der Plünderung Jerusalems im Jahre 586 v. Chr. das bedeutendste Kultgerät dar.

Der »Tisch des Königs Salomo« bildete der Überlieferung zufolge das Kernstück des westgotischen Staatsschatzes, des herausragenden Herrschaftssymbols der Westgoten. Er repräsentierte die Souveränität der westgotischen christlichen Monarchen in der Nachfolge der von Gott erwählten Könige Israels. Der **malikitische** Jurist, Religionsphilosoph und Chronist Abd al-Malik ibn Habib al-Andalusi (780–852) liefert in seinem Geschichtswerk eine detaillierte Beschreibung des Tisches. Dieser zufolge bestand er aus reinem Gold und Silber und war reich mit Perlen, Juwelen und Smaragden verziert. Dem späten Bericht des arabische Geographen al-Idrisi (1100–1165) zufolge fielen den muslimischen Eroberern neben dem »Tisch des Königs Salomo« noch 192 goldene, edelsteinbesetzte Kronen, tausend königliche und mit Juwelen, Perlen und Rubinen verzierte Säbel sowie eine unbestimmte Zahl goldener und silberner Gefäße in die Hände. Die Bedeutung des Tisches für das westgotische Selbstverständnis war den Muslimen offenbar nicht nur bewusst, sie nahmen das Beutestück auch unter diesem Namen an und maßen ihm entsprechende Wichtigkeit bei. Die Aneignung der in Toledo aufbewahrten Symbole westgotischer Königswürde manifestierte die islamische Souveränität über al-Andalus. Nicht umsonst spinnt die islamische Tradition die Geschichte um die Geschicke des erbeuteten Tisches weiter.

Musa ibn Nusair und Tariq ibn Ziyad dürften über ihre Einbestellung nach Damaskus wenig erfreut gewesen sein. Die Reise von der Iberischen Halbinsel nach Syrien dauerte lange. Kein Dokumente berichtet darüber, welche Route die beiden Heerführer wählten. Wahrscheinlich setzten sie zunächst nach Ceuta über. Dort könnten sie ein Schiff bestiegen haben und entlang der nordafrikanischen Küste in den Levante gesegelt sein. Der ebenfalls mögliche Landweg hätte vermutlich eine längere Reisezeit in Anspruch genommen. Die Reise zog sich jedenfalls über Monate hin. Als Musa und Tariq schließlich ihr Ziel erreicht hatten, war Kalif al-Walid gestorben. Sein Bruder Sulaiman, der inzwischen die Herrschaft angetreten hatte, war dem Statthalter Musa offenbar weit weniger gewogen als der verstorbene Kalif. Hier begegnen wir der Legende vom »Tisch des Königs Salomon« wieder.

Der legendären Überlieferung zufolge nahm Musa den kostbaren Tisch mit nach Damaskus. Dennoch fiel er beim Kalifen in Ungnade, weil er behauptete, das prächtige Stück selbst erbeutet und Toledo eingenommen zu haben. Tariq ibn Ziyad, der wahre Eroberer der westgotischen Hauptstadt, hatte jedoch in weiser Voraussicht eines der 365 Tischbeine als Beweis für seine Tat an sich genommen, habe dieses schließlich hervorgeholt und so die Wahrheit über den Verlauf der Ereignisse ans Licht gebracht. Die unbändige Wut des Kalifen entzündete sich weniger an einzelnen, wenn auch bedeutenden Beutestücken, als vielmehr an der Eigenmächtigkeit, mit der Musa den Feldzug auf der Iberischen Halbinsel geführt hatte. Zwar versöhnten sich Musa ibn Nusair und Kalif Sulaiman Abd al-Malik (reg. 715–17), der Statthalter von Afrika wurde aber trotzdem seiner Stellung enthoben. Sulaiman schickte ihn in eine der östlichen Provinzen der riesigen islamischen Welt. Dort starb Musa ibn Nusair wenig später.

Auch die Hoffnungen Tariq ibn Ziyads erfüllten sich nicht. Anders als erwartet setzte der Kalif ihn nicht zum neuen Statthalter von Afrika ein. Das weitere Schicksal des siegreichen Heerführers ist unbekannt. Ebenso plötzlich, wie der Berber im Frühjahr 711 die Bühne der Weltgeschichte betreten hatte, verließ er sie auch wieder. Das Kalifat in Damaskus fürchtete Unabhängigkeitsbestrebungen in Nordafrika und auf der Iberischen Halb-

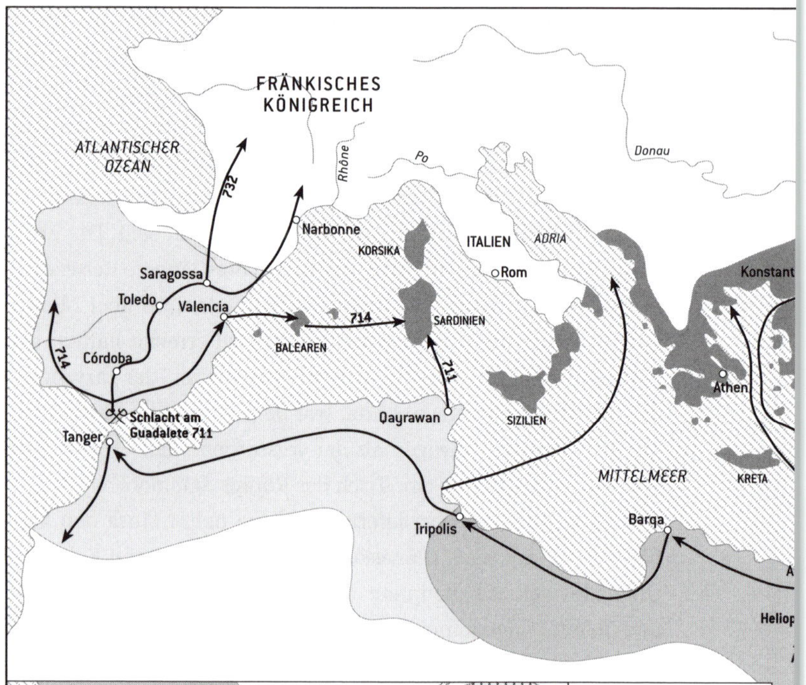
FRÄNKISCHES KÖNIGREICH
ATLANTISCHER OZEAN
Rhône
Po
Donau
732
Narbonne
KORSIKA
ITALIEN
ADRIA
Rom
Saragossa
Toledo
Valencia
714
SARDINIEN
BALEAREN
Córdoba
711
Schlacht am Guadalete 711
Tanger
Qayrawan
SIZILIEN
Athen
KRETA
MITTELMEER
Tripolis
Barqa

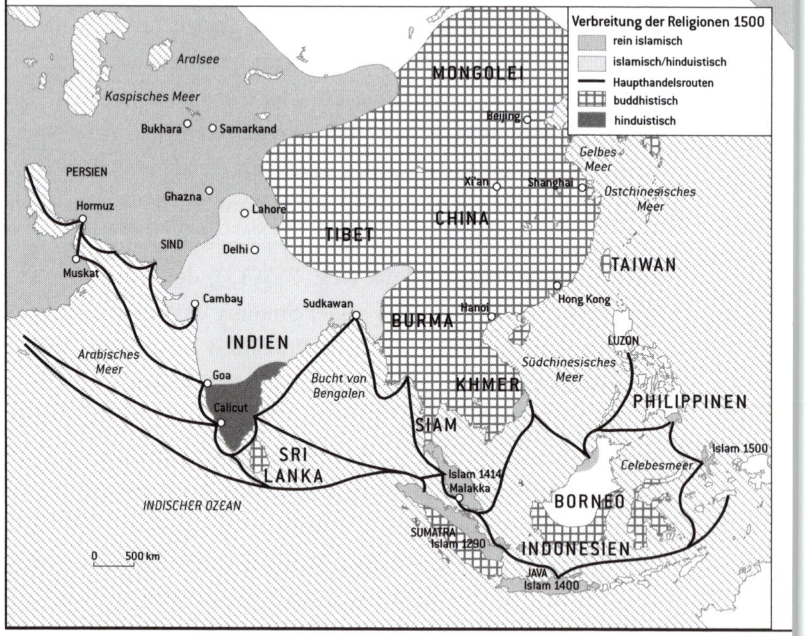
Verbreitung der Religionen 1500
rein islamisch
islamisch/hinduistisch
Haupthandelsrouten
buddhistisch
hinduistisch
Aralsee
Kaspisches Meer
Bukhara
Samarkand
MONGOLEI
Beijing
Gelbes Meer
PERSIEN
Ghazna
Xi'an
Shanghai
Ostchinesisches Meer
Hormuz
Lahore
SIND
Delhi
TIBET
CHINA
TAIWAN
Muskat
Cambay
Hong Kong
Sudkawan
BURMA
Hanoi
LUZON
INDIEN
Arabisches Meer
Goa
Bucht von Bengalen
KHMER
Südchinesisches Meer
PHILIPPINEN
Calicut
SIAM
Islam 1500
SRI LANKA
Celebesmeer
Islam 1414
Malakka
BORNEO
INDISCHER OZEAN
SUMATRA
Islam 1290
INDONESIEN
0
500 km
JAVA
Islam 1400

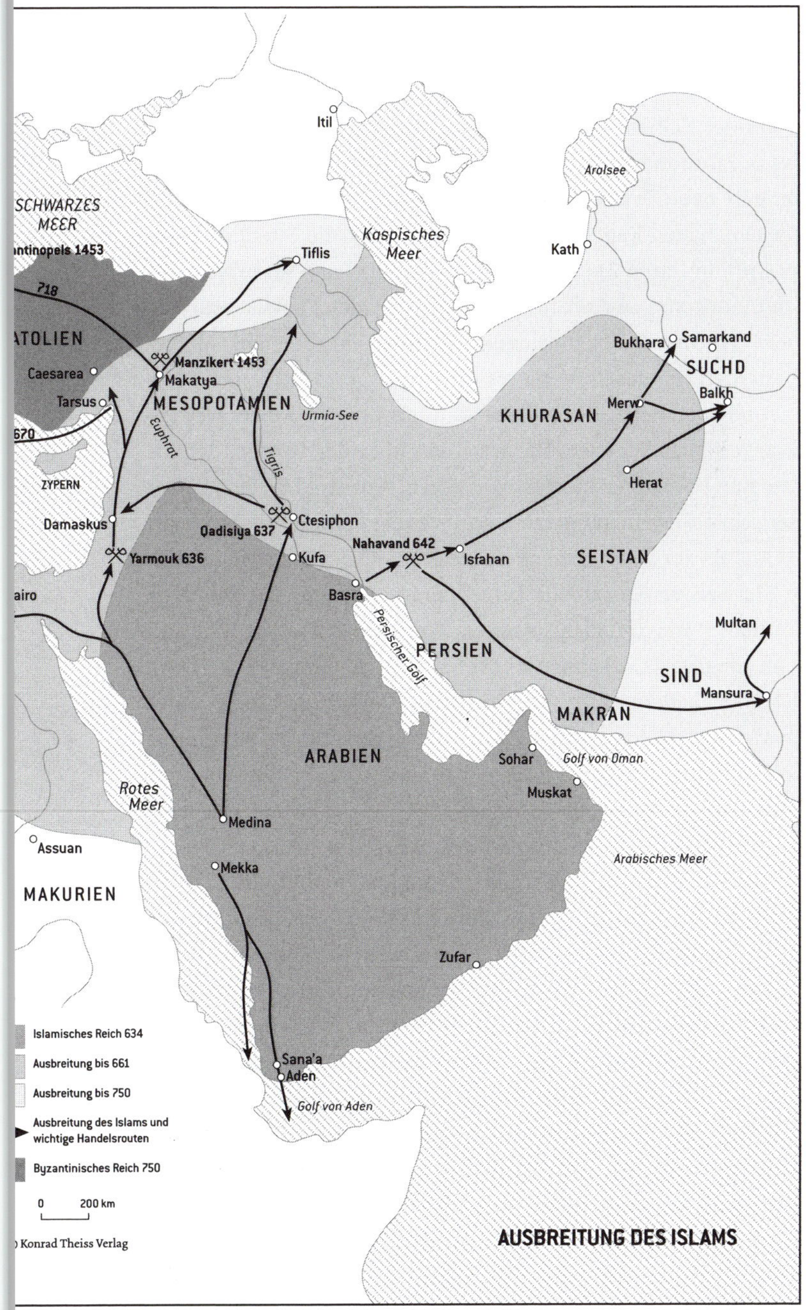
Itil
Kaspisches Meer
Arolsee
SCHWARZES MEER
Tiflis
Kath
Bukhara
Samarkand
SUCHD
Manzikert 1453
Makatya
Caesarea
Tarsus
MESOPOTAMIEN
Urmia-See
KHURASAN
Merw
Balkh
Euphrat
Tigris
Herat
ZYPERN
Damaskus
Ctesiphon
Qadisiya 637
Nahavand 642
Isfahan
SEISTAN
Yarmouk 636
Kufa
Basra
Persischer Golf
PERSIEN
Multan
SIND
Mansura
MAKRAN
ARABIEN
Sohar
Golf von Oman
Muskat
Rotes Meer
Medina
Assuan
Mekka
Arabisches Meer
MAKURIEN
Zufar
Islamisches Reich 634
Ausbreitung bis 661
Ausbreitung bis 750
Ausbreitung des Islams und wichtige Handelsrouten
Byzantinisches Reich 750
Sana'a
Aden
Golf von Aden
0 200 km
Konrad Theiss Verlag
AUSBREITUNG DES ISLAMS

insel. Der kommenden Ereignisse zeigten, dass solche Befürchtungen alles andere als grundlos waren. Tatsächlich löste sich die Provinz Afrika im Laufe der Zeit immer stärker von der Herrschaft der Kalifen. Die Iberische Halbinsel scherte seit der Mitte des 8. Jahrhunderts sogar völlig aus der islamischen Welt aus, in der eine neue Dynastie das Kalifat an sich riss. Vorerst aber hatte der Omaijaden-Kalif Sulaiman Abd al-Malik die Situation noch im Griff. Im Jahre 714 war Musa ibn Nusairs Sohn Abd al-Aziz als Statthalter von al-Andalus eingesetzt worden. Sevilla war die neue Hauptstadt des muslimischen Herrschaftsbereichs auf der Iberischen Halbinsel.

Und dann heiratete der neue Statthalter die Witwe des westgotischen Königs Roderich. Das war vermutlich der Tropfen, der das Fass zum Überlaufen brachte. Was Abd al-Aziz wohl im Sinne einer Herrschaftskontinuität getan hatte, wertete der Kalif in Damaskus als Auftakt zur Errichtung einer eigenständigen Herrschaft. Im Jahre 716 ließ er Abd al-Aziz kurzerhand ermorden. Alle künftigen Statthalter von al-Andalus wurden direkt von Damaskus oder Kairuan eingesetzt. Die meisten herrschten nur kurze Zeit. Doch drückten sie dem Alltag von Muslimen, Christen und Juden unter muslimischer Herrschaft jeweils ihren Stempel auf. Der Nachfolger des Abd al-Aziz, Ayyub, verlegte die Hauptstadt schließlich nach Córdoba. Die folgenden Jahrhunderte blieb die Stadt das herrschaftliche und geistige Zentrum von al-Andalus.

Bis zur Ermordung des Abd al-Aziz hatten die muslimischen Invasionstruppen zahlreiche Städte in ihre Gewalt gebracht, darunter Zaragoza, León und Siguenza sowie Pamplona, Tarragona und Barcelona. Die *Tarraconensis* entlang der Küste – in etwa das Gebiet zwischen Valencia und den Pyrenäen, wo sich noch westgotischer Widerstand regte – rissen sie bis 719 an sich. In der Folgezeit unternahmen sie Vorstöße in den Bereich jenseits der Pyrenäen und bemächtigten sich dabei der Stadt Narbonne im Südwesten des heutigen Frankreichs. Im Jahre 725 gelang es ihnen sogar, bis nach Nîmes vorzurücken. Auch Carcassonne am Fuße der westlichen Pyrenäen fiel in ihre Hände. Doch allmählich begann sich in den gebirgigen Gegenden der Iberischen Halbinsel, in Asturien, der Widerstand gegen die Besatzer zu formieren.

Die Siedler von Toledo oder Wem gehört das Land?

Nach der Eroberung wurde Toledo allmählich zu einer islamischen Stadt. Im Schutze der Mauern siedelten vornehmlich Araber. Aus den Schriftquellen wissen wir sogar, um welche Familienclans es sich handelte. So lebten in der Stadt vor allem Stammesangehörige der al-Ansari und der al-Fihri. Dem arabischen Geschichtsschreiber Ibn Said zufolge, der in der zweiten Hälfte des 13. Jahrhunderts wirkte, war der Name al-Ansari zu dieser Zeit in ganz al-Andalus, insbesondere aber in Toledo weit verbreitet. Die Bezeichnung geht auf die in Medina ansässigen Stämme der al-Aws und der al-Hazradsch zurück, die den Propheten gemäß der islamischen Tradition auch militärisch unterstützt hatten. Für diese Loyalität erhielten sie das Recht, den Ehrennamen al-Ansari, »die Verteidiger«, zu führen.

Während sich die Araber hauptsächlich in der Stadt ansiedelten, ließen sich die Berber vor allem im südlichen und östlichen Umland von Toledo nieder. Die Ansiedlung insgesamt scheint maßgeblich nach militärischen Gesichtspunkten erfolgt zu sein. Dass die Berber sich dabei vor allem in ländlichen Gebieten niederließen, hängt wohl damit zusammen, dass sie sich traditionell in stärkerem Maß der Viehzucht und Landwirtschaft widmeten als die Araber. Dennoch wurden die Berber offenbar systematisch von einer Teilhabe an der Herrschaft über die eroberten Städte in al-Andalus ausgeschlossen. Die Unzufriedenheit über die Landverteilung führte in der Folgezeit zu Aufständen gegen die arabische Dominanz. Insgesamt ist bisher wenig über die Siedlungsprozesse auf der Iberischen Halbinsel bekannt, die auf die muslimische Eroberung von 711 folgten. Fest steht, dass es einige Jahrzehnte dauerte, bis der Bevölkerungsverlust durch Zuwanderung aus der islamischen Welt ausgeglichen war. Das lag nicht zuletzt an anhaltenden politischen und ethnischen Auseinandersetzungen unter den Muslimen im eroberten Gebiet, die sich bis über die Mitte des 8. Jahrhunderts hinzogen. Kein Gouverneur (arab. *wali*) blieb lange im Amt.

Covadonga und der Beginn der Reconquista

Südöstlich von Cangas de Onis in Asturien im Gebirge Picos de Europa liegt die wohl bedeutendste Stätte nationaler Erinnerung in Spanien – die Felsenhöhle von Covadonga. Dort befand sich bereits im Mittelalter ein Marienheiligtum. Die »Jungfrau von Covadonga« ist die Patronin Asturiens. An diesem von der spanischen Geschichtsschreibung des 19. und 20. Jahrhunderts verklärten Ort, der bis heute Scharen von Besuchern anzieht, soll im Jahre 722 die »Reconquista« der Iberischen Halbinsel begonnen haben. Obwohl es Ziel der 711 von den Muslimen verdrängten westgotischen Führungsschicht sein musste, das verlorene Land zurückzuerobern, wurde der Begriff der Reconquista erst im 19. Jahrhundert geprägt. Die Ereignisse von Covadonga galten seither als Grundstein für die Entstehung Spaniens.

Aus diesem nationalen Mythos lassen sich die tatsächlichen Begebenheiten nur schwer herausschälen. Hinweise in zeitgenössischen Berichten sind spärlich. Die Schlacht von Covadonga erscheint nur schemenhaft im dichten Nebel der Vergangenheit. Ebenso mythenbefrachtet ist der Held der oft erzählten Geschichte, der westgotische Anführer Pelagius oder Pelayo. Erhobenen Hauptes und mit gezogenem Schwert steht er heute als Verteidiger des Kreuzes in Bronze gegossen in Covadonga. Doch wer war dieser Pelayo, der als erster der muslimischen Invasion trotzte?

Die Schriftzeugnisse sagen nur wenig über ihn. Angeblich war er der Sohn eines westgotischen Adeligen namens Fafila, der von der Familie Witizas aus Toledo vertrieben worden war. Will man der asturischen Überlieferung Glauben schenken, war Pelayo »Schwertträger« (*spatharius*) in der Leibgarde des am Guadalete gefallenen Westgotenkönigs Roderich. Nach der Schlacht ging er nach Asturien, wo seine Familie bereits über einiges Ansehen verfügte. Die Legende sagt, Pelayo sei zunächst in die Dienste des Berberfürsten Munnuza getreten. Als dieser aber Pelayos Schwester zur Frau nehmen wollte, rebellierte der Westgote gegen seinen muslimischen Herrn. Er floh in die Berge, um dort den Aufstand zu organisieren. Angeblich wurde er 718 oder erst 719 von den versammelten asturischen Adeligen zum Anführer (*princeps*) gewählt. Die Muslime reagierten zunächst nicht – erst als Pelayo und seine Anhänger zu einer ernstzunehmenden Bedrohung wurden, entsandten sie im Jahre 722 eine Streitmacht gegen die Aufständischen.

In ihrer Schilderung der Schlacht von Covadonga unterscheiden sich die christlichen Zeugnisse deutlich von den muslimischen, zudem sind sie in einigem zeitlichen Abstand zu den Ereignissen entstanden, was ihre Zuverlässigkeit in manchen Punkten in Frage stellt. Die am Hof König Alfons' III. von Aragón (866–910) gegen Ende des 9. Jahrhunderts abgefasste »Crónica Albeldense« berichtet, dass die Muslime einer Schlacht mit Pelayo aus dem Weg gehen wollten. Stattdessen versuchten sie den Abtrünnigen durch Verhandlungen auf ihre Seite zu ziehen, indem sie ihm in Aussicht stellten, seinen Besitz behalten und weiterhin die Herrschaft über seine Ländereien ausüben zu dürfen. Als Verhandlungsführer der Muslime trat gemäß den Ausführungen des Geschichtsschreibers Bischof Oppa von Sevilla auf, welcher der Familie Witizas angehörte. Diese wird in zahlreichen Chroniken beschuldigt, die Westgoten an die muslimischen Feinde verraten zu haben. Der aufrechte Pelayo aber lehnt das Angebot kategorisch ab. Darüber hinaus nimmt er den Verräter Oppa gefangen. Infolgedessen kommt es bei Covadonga zur Schlacht.

Die in den Schriftzeugnissen genannte Truppenstärke ist unglaubwürdig. Die christlichen Quellen sprechen von nahezu 20 000 getöteten Muslimen. Pelayo persönlich habe im Kampf den arabischen Heerführer namens al-Qama getötet. Munnuza, der an der Schlacht nicht teilgenommen habe, sei von Pelayo auf der Flucht gestellt und ebenfalls umgebracht worden. Die Niederlage bei Covadonga habe dazu geführt, dass kein Muslim in der Umgegend übrig blieb. Der Tradition zufolge standen die christlichen Kämpfer unter dem Schutz der »Jungfrau von Covadonga«. Weil die Stätte unter deren Patronat stand, konnte sie von den Muslimen nicht erobert werden.

Ganz anders stellen die muslimischen Geschichtsschreiber die Begebenheit dar. Während die alfonsinische Chronik den Sieg der

Berber und Araber – Eroberer im Bruderstreit

Das muslimische Heer, das 711 die Iberische Halbinsel eroberte, bestand vor allem aus Berbern und Arabern. Wahrscheinlich stellten nordafrikanische Berberstämme sogar das größte Kontingent. In der *umma*, der Gemeinschaft der Gläubigen, sollte die ethnische Herkunft keine Rolle spielen. Tatsächlich jedoch betrachteten sich die arabischstämmigen Muslime gegenüber islamisierten Angehörigen anderer Völkerschaften als Elite. Immerhin waren sie die ersten gewesen, die den neuen Glauben angenommen und den Lehren des Propheten Mohammed gefolgt waren. Arabisch war die Sprache des Korans. Die Verbreitung des Islams ging deshalb mit einer Arabisierung der eroberten Gebiete einher. Die arabische Sprache wurde dabei nicht nur von der islamisierten Mehrheitsbevölkerung zu religiösen Zwecken wie zur alltäglichen Kommunikation übernommen, auch Christen und Juden unter islamischer Herrschaft griffen auf das Arabische zurück. Auch das Berberische wurde mit der voranschreitenden Islamisierung Nordafrikas zurückgedrängt.

Aber wer sind eigentlich die Berber? Sie sind keine einheitliche ethnische oder religiöse Gruppe, und auch die Beherrschung der berberischen Sprache ist nicht ausschlaggebend für die Zugehörigkeit. Nach wissenschaftlicher Definition zählen die meisten Bewohner Nordafrikas mit Ausnahme Ägyptens zu den Berbern. Heute bilden die Berber, die sich selbst oft als *Imazighen* (Singular *Amazigh*) bezeichnen, was so viel bedeutet wie »freie Menschen« oder »freie und edle Menschen«, einen bedeutenden Bevölkerungsanteil in Marokko, Algerien, Niger, Mali, Libyen, Tunesien und auf den Kanarischen Inseln. Der Ursprung des Wortes »Berber« ist nicht eindeutig geklärt, vieles deutet jedoch darauf hin, dass sich die Bezeichnung vom lateinischen *barbarus* ableitet. Erstmals taucht diese Bezeichnung der nordafrikanischen Nomadenstämme mit dem Einfall der Vandalen im 5. Jahrhundert während der frühmittelalterlichen Völkerwanderung auf.

Mit dem Vordringen der Araber in Nordafrika zwischen 642 und 669 begann sich der Islam unter den Berbern auszubreiten. Ihren Höhepunkt erlebte die Islamisierung jedoch erst in den 670er Jahren, nachdem die Omaijaden das Kalifat übernommen und Damaskus zur neuen Hauptstadt der islamischen Welt gemacht hatten. Entgegen aller Norm belegten die Araber auch die islamisierten Berber mit hohen Steuern und behandelten Konvertiten als Muslime zweiter Klasse. Selbst vor Versklavung durch die arabischen Herren waren die Berber nicht sicher. Obwohl die Berber maßgeblichen Anteil an der Eroberung der Iberischen Halbinsel hatten, kamen sie bei der Landverteilung nach eigener Auffassung zu kurz. Nicht nur in Spanien kam es deswegen immer wieder zu bewaffneten Auseinandersetzungen zwischen Arabern und Berbern. Der Unmut gegen eine solche Behandlung gipfelte 739/40 in einem offenen Aufstand, der von den sogenannten Charidschiten geführt wurde. Die Angehörigen dieser geistigen Strömung des Islams plädierten für die absolute Gleichheit aller Muslime. Ihrer Auffassung nach sollte der jeweils beste Mann ungeachtet seiner Herkunft das Kalifat innehaben. Angesichts ihrer Bedrückung durch die Araber erscheint es nicht verwunderlich, dass sich viele Berber den Charidschiten anschlossen. Infolge des Aufstands entstanden in einigen Gebieten Nordafrikas kleine, meist kurzlebige Herrschaften unter berberischer Führung.

Christen eher übersteigert, spielen die arabischen Zeugnisse diesen zu einer Art Gnadenakt der Muslime herunter. Ihrer Darstellung zufolge handelte sich bei dem Zusammenstoß von Covadonga um ein unbedeutendes Scharmützel. Angeblich war eine Abordnung muslimischer Kämpfer ausgerückt, um einer Gruppe von dreihundert christlichen Rebellen den Garaus zu machen. In dem unwirtlichen Gelände entwickelte sich die Vernichtungsaktion zu einer Belagerung. Nachdem die Aufständischen in der Mehrzahl umgekommen und Pelayo nur noch dreißig ausgemergelte Gefolgsleute geblieben waren, entschieden sich die Belagerer zum Abzug. Eine Fortführung der Kampagne sei ihnen unnötig erschienen.

Angesichts solch gegenläufiger Aussagen, noch dazu in späten Quellen, lassen sich die tatsächlichen Ereignisse nicht zuverlässig rekonstruieren. Es besteht kein Zweifel daran, dass es bei Covadonga zu einer bewaffneten Auseinandersetzung zwischen Asturiern und den Kriegern Allahs gekommen ist. Fest steht ebenso, dass die Christen den Sieg davontrugen. Das Ausmaß des Geschehens lässt sich allerdings nicht mehr ergründen. Dennoch: Ein Bann war gebrochen – die muslimischen Invasoren waren nicht unbesiegbar. Zehn Jahre später errang die abendländische Christenheit im Westen des heutigen Frankreichs einen Sieg, der die Weichen für die weitere Entwicklung stellte.

Eine Million Tränen

Oktober 732, nahe dem Fluss Vienne. Waren eine Millionen Tränen genug für diesen großen Heerführer? Abd ar-Rachman war tot. Dabei hatte alles so gut begonnen. Noch bevor sich die Ungläubigen formieren konnten, hatten die Muslime reiche Beute gemacht. Doch in ihrem Eifer hatten sie sich verkalkuliert – der fränkische Hausmeier Karl hatte nämlich derweil gewartet. Dann, nachdem Verstärkung eingetroffen war, machte er seinem Beinamen »Martell«, »Hammer«, alle Ehre. Die Zuversicht der Muslime wich Entsetzen. Als die »Schlacht der Millionen Tränen« gingen die Ereignisse in der Ebene zwischen Tours und Poitiers in die islamische Geschichte ein. Die Christen aber feierten ihren Sieg später als »Rettung Europas«.

Die zeitgenössischen Chronisten waren sich der Tragweite des Ereignisses nicht bewusst – spätere Generationen überhöhten das Geschehen in seiner Bedeutung. Nicht umsonst wird die Schlacht von Tours und Poitiers von den mittelalterlichen Geschichtsschreibern nur beiläufig erwähnt: Weder der genaue Ort noch der genaue Zeitpunkt sind auf Grundlage der Quellen eindeutig bestimmbar. Vermutlich zogen die berberischen und muslimischen Truppen über die alte Römerstraße nordwärts, bis sie irgendwo zwischen den heutigen Ortschaften Vourneuil und Moussais-la-Bataille nahe der Vienne auf das Heer Karl Martells (688/89–741) stießen.

Der fränkische Hausmeier war ein Mann jenseits der Vierzig, der auf große militärische Erfahrung zurückblickte. Als Spross der rechtlich minderbewerteten sogenannten Friedelehe seines Vaters Pippin des Mittleren (um 635–714) mit Chalpaida hatte er sich schon in jungen Jahren durchbeißen müssen, denn sein Vater hatte ihn vom Amt des Hausmeiers ausgeschlossen. Gewaltsam musste er das Recht, das ihm seiner Auffassung nach zustand, für sich behaupten. Noch am Sterbebett seines Vaters Pippin hatte dessen Ehefrau Plektrud, mit der dieser eine Vollehe geschlossen hatte, ihren ebenfalls illegitimen Enkel Theudoald als Nachfolger durchzusetzen gewusst. Plektruds eigene Söhne Drogo und Grimoald waren zu diesem Zeitpunkt bereits gestorben. Nach einigen Wirren konnte sich Karl Martell schließlich durchsetzen und nach dem Sieg in der Schlacht bei Soissons 718 seine Machtposition unter der formalen Herrschaft Chilperichs II. behaupten. Bis zu seinem Tod in Quiezy im Jahre 741 lenkte er als Hausmeier die Geschicke der fränkischen Teilreiche. Seit 737 verzichtete er darauf, sich durch einen der merowingischen Schattenkönige im Amt bestätigen zu lassen und wirkte de facto als Herrscher.

Aus den Angaben verschiedener Chroniken ergibt sich in etwa folgendes Bild über den Verlauf der Schlacht: Sieben Tage lang harrte Kar Martell aus, um auf Verstärkung durch sächsische und langobardische Truppen zu warten. Tunlichst vermied er eine größere Konfrontation und sah tatenlos zu, wie die muslimischen

Invasoren ihr Beutegut wegschleppten. Am achten Tag, dem 18. oder dem 25. Oktober 732, kam es zur Entscheidungsschlacht. Offenbar ergriffen die Araber die Initiative und stürmten gegen eine langobardische Abteilung los. Die bedrängten Langobarden reagierten augenscheinlich taktisch klug: Sie schlossen sich zu einer Phalanx zusammen und vermochten so den Ansturm der Feinde abzuwehren. Derweil gelang es den Franken und Sachsen, die arabischen Bogenschützen einzukesseln und unschädlich zu machen. Nun kehrten die unter dem Oberbefehl Karl Martells versammelten christlichen Truppen den Spieß um. Sie griffen das arabische Lager an. Die Araber und Berber wagten einen Ausfall. Was dann folgte, war ein Gemetzel – von den schätzungsweise 20 000 Bewaffneten, die mit Abd ar-Rachman in den Krieg gezogen waren, blieb die Hälfte tot oder verwundet auf dem Schlachtfeld zurück, darunter der Heerführer. Auch die christliche Streitmacht hatte empfindliche Verluste hinzunehmen. Als die Dämmerung sich über den Ort des Grauens legte, zogen sich die verfeindeten Parteien zurück.

Am folgenden Morgen zogen die Truppen Karl Martells erneut gegen die muslimischen Feinde, doch der Widerstand war endgültig gebrochen. Sie fanden das arabische Lager verlassen. Noch in der Nacht hatten die Invasoren sich zurückgezogen. Wie die islamische Geschichtsschreibung berichtet, waren sie auf dem »Weg der Märtyrer« über die Pyrenäen auf die Iberische Halbinsel zurückgekehrt.

Mit ihrem Sieg, an dem die gepanzerten Kämpfer maßgeblichen Anteil hatten, konnten die Franken den Vormarsch der Muslime gen Westen vorerst zum Stillstand bringen. Auch hatten sie das bedeutende Kloster von Tours mit den Reliquien des hl. Martin vor dem Zugriff der Muslime schützen können. Es gelang ihnen jedoch nicht, muslimische Vorstöße in die Gallia westlich der Pyrenäen gänzlich zu unterbinden. Im Jahre 725 drangen die Araber tief ins Herz des Frankenreiches ein – bis nach Autun in Burgund. In Septimanien und in der Gegend von Narbonne hielten sich muslimische Stützpunkte noch bis zur Mitte des 8. Jahrhunderts. Zu dieser Zeit änderten sich die Verhältnisse in al-Andalus einschneidend. Ein Flüchtling, der dem blutigen Massaker an seiner Familie als einziger entkommen war, vereinte den Großteil des muslimischen Territoriums auf der Iberischen Halbinsel unter seiner Herrschaft.

Massaker in Damaskus und ein Omaijade im Exil

Damaskus, Herbst 749. »Über ihre Leichen ließ er eine lederne Decke ausbreiten, auf der für jene ein Mahl aufgetragen wurde, die dieser Szene beiwohnten. Und sie speisten, während die Opfer noch röchelten und ihr Leben aushauchten«, weiß der Chronist at-Tabri über das Blutbad zu berichten, dass der erste Abbasidenkalif Abu l-Abbas unter der Omaijadenfamilie anrichtete. Mit Stumpf und Stil wollte der neue Herrscher die alte Dynastie ausrotten. Nicht umsonst trug ihm sein schonungsloses Vorgehen den wenig schmeichelhaften Beinamen »der Blutrünstige«, *as-Saffah*, ein. Doch nicht nur die Lebenden fielen Abu l-Abbas as-Saffah zum Opfer, er wollte jegliche Erinnerung an den verhassten Omaijadenclan auslöschen. So schreckte er auch vor Totenschändung nicht zurück. Er ließ die verstorbenen Omaijaden, darunter auch die Kalifen, aus ihren Gräbern zerren und die Leichname verbrennen. Nach muslimischer Vorstellung fielen die Verstorbenen damit der ewigen Verdammnis anheim.

Begonnen hatte die Revolution gut zwei Jahre zuvor in der fernen persischen Provinz Khorasan. Unter Führung eines Mannes mit dem programmatischen Namen Abu Muslim waren rund 250 000 Araber aus dem heutigen Irak ins iranische Kufa gezogen. Offenbar verstand es Abu Muslim, dessen Vater wahrscheinlich ein zum Islam übergetretener Perser war, die Massen zu mobilisieren und Verschwörungen anzuzetteln. Es galt die Omaijaden zu stürzen und an ihrer Stelle Abu l-Abbas, den Abkömmling eines Onkels des Propheten Mohammed, zum neuen Kalifen zu machen. So zogen rund 100 000 Bewaffnete, unter diesen auch zahlreiche Zoroastrier, für Abu l-Abbas in die Schlacht. Im Jahre 747 besetzten die Aufständischen Merv, die Hauptstadt Khorasans. Von dort rückten sie gegen Nischapur vor, das ebenfalls in ihre Hände fiel. Nachdem Abu Muslim eine omaijadische Streitmacht bezwungen hatte, zog die Anhängerschaft des Abu l-Abbas am 2. September 749 triumphierend in Kufa ein. Dort wurde Abu l-Abbas zum »Beherrscher der Gläubigen« und neuen Kalifen ausgerufen.

Die Omaijaden ließen sich indes nicht kampflos vertreiben. Sie warfen alle Kräfte gegen die Abbasiden ins Feld, mussten jedoch Niederlage um Niederlage hinnehmen. Schließlich zog Kalif Merwan II. selbst in die Schlacht. Am Großen Zab traf er auf das Heer des Abdallah ibn Ali, eines Onkels des Abu l-Abbas. Wieder unterlagen die Omaijaden. Kalif Merwan floh zurück nach Damaskus, doch die Stadttore blieben ihm verschlossen. Gehetzt von seinen Verfolgern, setzte er den Weg nach Ägypten fort. Dort geriet er wenig später in einen Hinterhalt seiner Häscher, die keine Gnade kannten.

As-Saffahs Herrschaft währte nur kurz. Ihm folgte 754 sein Bruder Dscha'far, genannt al-Mansur. Die Geschichtsschreiber stellen ihm ein gemischtes Zeugnis aus: Klug und tüchtig sei er gewesen, habe sich aber auch hart und grausam gebärdet. Charakteristisch war offenbar sein unübertrefflicher Geiz. Nicht von ungefähr kam er zu dem spöttischen Beinamen »Vater der Groschen«. Mehr als zwanzig Jahre lenkte al-Mansur die Geschicke der islamischen Welt. Er verlegte deren Zentrum in seine kreisförmige neue Hauptstadt am Tigris. Im Jahre 762 waren die Arbeiten an der »Stadt des Friedens«, dem späteren Bagdad, abgeschlossen. Am 7. Oktober 775 starb al-Mansur auf einer Pilgerfahrt in Mekka. Der Abbasiden-Dynastie war ein längeres Überleben beschieden als den Omaijaden. Obwohl sich die riesige islamische Welt zunehmend als von nur einer Zentrale aus unregierbar erwies und die Machte der Abbasiden infolgedessen ständig zurückging, hielten sie sich bis zur Ankunft der Mongolen Mitte des 13. Jahrhunderts im Kalifat.

Nur einer der Omaijaden entkam dem Gemetzel: Abd ar-Rachman ibn Mu'awiya, ein Enkel Kalif Hischams II. von Syrien, war nach Nordafrika geflohen. Dank seiner berberischen Abstammung fand er dort Zuflucht und Unterstützung. Vier Jahre nach den blutigen Ereignissen in Damaskus schloss sich Abd ar-Rachman, dem die islamische Geschichtsschreibung den bezeichnenden Beinamen »der Flüchtling« (arab. *ad-Dachil*) verlieh, einer Gruppe von Konvertiten an, die auf die Iberische Halbinsel übersetzten.

Fernab von der Levante hatten die Omaijaden noch immer Gewicht. Mit Unterstützung seiner Anhänger gelang es Abd ar-Rachman (756–788) im Jahre 756, kleinere arabische Herrschaftsgebiete im Emirat von Córdoba unter seiner Oberhoheit zu vereinen. Nahezu dreihundert Jahre bestimmten die Omaijaden die Geschicke von al-Andalus von Córdoba aus. Doch der neue Emir musste sich gleich an mehreren Fronten verteidigen: gegen unzufriedene Kräfte im Inneren und solche, die sogar um Unterstützung im christlichen Nachbarreich warben. Hunderte von Kilometern entfernt von der Sonne Andalusiens, im kalten Westfalen, tauchten fremdartig gekleidete Männer auf. Ihr Besuch galt dem mächtigen Frankenherrscher Karl dem Großen.

Hinterhalt bei Roncesvalles – blutiges Ende des spanischen Abenteuers

Paderborn, 777. Neugierig drehen sich die Menschen um und tuscheln miteinander. Solche Fremden haben sie hier in Paderborn noch nie gesehen. Gut, immer wenn der fränkische Herrscher Karl seiner Pfalz einen Besuch abstattete, kamen illustre Gäste, aber diese sind sonnenverbrannt und höchst eigentümlich gewandet. Die Fremden haben einen langen Weg hinter sich. Leider wissen wir nichts über die Dauer ihrer Reise, die Reiseroute oder mögliche Schwierigkeiten, die der arabischen Gesandtschaft unter Führung eines gewissen Sulaiman Ibn al-Arabi, Statthalter von Zaragoza, unterwegs begegneten. Auch ist nichts Näheres über die Abgesandten selbst bekannt, die 777 unvermittelt auf der Reichsversammlung zu Paderborn erschienen, doch wir kennen ihre Mission. Es ging darum, den Frankenherrscher zu einem Feldzug gegen das Emirat von Córdoba zu bewegen. Man mag sich fragen, wie die Araber ihr Anliegen vortrugen – in der westfälischen Provinz wird niemand des Arabischen mächtig gewesen sein. Oder gehörte der Gesandtschaft ein zum Islam übergetretener Christ an, der Latein beherrschte. Oder hatte die Delegation einen jüdischen Dolmetscher bei sich. Juden, die als Fernhändler zwischen Morgen- und Abendland reisten, beherrschten oft viele Sprachen. Dass sie für wichtige diplomatische Missionen eingesetzt wurden, belegt nicht zuletzt die fränkische Gesandtschaft zum Abbasidenkalifen Harun ar-Raschid einige Zeit später, der auch ein Jude namens Isaak angehörte.

Wir wissen nicht, ob Karl sofort zusagte oder ob er zögerte, eine Intervention zu wagen. Immerhin galt es zunächst die sächsischen Angelegenheiten zu ordnen. Mit Blick auf den weiteren Verlauf des spanischen Abenteuers scheint es zumindest fraglich, ob die Franken die Gegebenheiten auf der Iberischen Halbinsel einigermaßen zutreffend einschätzten. Will man den überarbeiteten Reichsannalen glauben, machten die Araber allerdings ein verlockendes Angebot, das auf Karl so gewirkt haben dürfte, als sei eine Herrschaftserweiterung ohne großen militärischen Aufwand möglich: Sulaiman Ibn al-Arabi unterstellte die von ihm beherrschten Städte Barcelona und Gerona dem fränkischen Herrscher. Karls Motivation, sich auf eine militärische Unternehmung jenseits der Pyrenäen einzulassen, dürfte widerspiegeln, wenn die gleiche Quelle auf seine Hoffnung verweist, einige Städte der Iberischen Halbinsel einnehmen zu können. Bei diesem Unternehmen kam noch der religiöse Aspekt hinzu: Laut »Metzer Annalen« folgte Karl der Große einem Hilferuf der Christen, die vorgaben, unter dem Joch der Mauren zu leiden, was jedoch kaum die ganze Wahrheit sein dürfte, denn die Christen genossen unter muslimischer Herrschaft zwar nicht den gleichen Rechtsstatus wie die Muslime, doch durften sie ihre Religion unter einigen Auflagen ausüben. Für eine vollständige Teilhabe am gesellschaftlichen Leben bedurfte es des Übertritts zum Islam. Zahlreiche Christen nutzten diese Möglichkeit. Diejenigen, die an ihrem althergebrachten Glauben festhielten, übernahmen im Laufe der Zeit zumindest die arabische Sprache im Alltag wie auch manche Lebensgewohnheiten der Muslime, so beim Bau ihrer Häuser, der Zubereitung der Speisen und der Wahl der Kleidung. Aus dieser Anpassung an arabische Verhältnisse resultierte die Bezeichnung Mozaraber, »Arabisierte«.

Dass sich längst nicht alle Christen mit den neuen Machtverhältnissen auf der Iberischen Halbinsel arrangieren konnten, belegen Urkunden vom Beginn des 9. Jahrhunderts. Aus diesen Schriftzeugnissen geht hervor, dass Gruppen hispanischer Christen wegen ihrer Lebensbedingungen muslimisch beherrschtes Gebiet verlassen wollten. Ludwig der Fromme, Karls des Großen Sohn und Nachfolger auf dem fränkischen Thron, gestattete einer Gruppe christlicher Flüchtlinge aus dem omaijadischen Emirat von Córdoba am 1. Januar 815, sich in der Spanischen Mark – einer Art Pufferzone zwischen dem Frankenreich und dem islamischen Herrschaftsgebiet am Rande der Pyrenäen – anzusiedeln. Diese *hispani* waren, wie es im Urkundentext heißt, »vor der Unterdrückung und dem grausamen Joch geflohen, das die Sarazenen den Christen auferlegten«. Karls Herrschaft war eine Erfolgsgeschichte, als die arabische Gesandtschaft in Paderborn eintraf. Das Ringen gegen die Sachsen war gewiss langwierig und zäh, doch unterwarf er das renitente Volk letztlich doch. Er, Karl, herrschte allein über ein riesiges Reich. Er hatte Aquitanien befriedet und sich die eiserne Krone der Langobarden aufs Haupt gesetzt. Ein Zug über die Pyrenäen eröffnete die Möglichkeit, zumindest einige Städte aus muslimischer Hand zurückzugewinnen. Außerdem bot der Feldzug die Chance, die widerspenstigen Basken besser unter Kontrolle zu bringen. Nachdem das Vorhaben auch noch die Zustimmung des Papstes gefunden hatte, stand einem Aufbruch nichts mehr im Wege.

Das Jahr 777 neigte sich seinem Ende zu, als der Frankenkönig ein Heer versammelte und Richtung Süden aufbrach. Das Weihnachtsfest verbrachte er in der Pfalz Doucy in Lothringen. Dort wartete er auf das kommende Frühjahr, denn während der Wintermonate war ein Feldzug unmöglich. Immerhin mussten Ross und Reiter aus dem Land versorgt werden, durch das man zog. Als der Frühling gekommen war, setzte die Streitmacht ihren Weg auf die Iberische Halbinsel fort. Ohne auf nennenswerten Widerstand zu stoßen, überquerten die Franken in den ersten Monaten des Jahres 778 die Pyrenäen. Verstärkt wurde die Armee durch Kontingente mit Kämpfern aus Burgund, Austrien, Bayern, der Provence und Septimanien. Vor den Toren von Zaragoza vereinigten sich die beiden Heeresteile. Doch kam alles anders als erwartet.

Der Einmarsch fand nicht statt, die Stadt hielt dem militärischen Druck stand. Nicht genug damit, erwies sich die Allianz der Statthalter, die gegen die omaijadische Oberhoheit aufbegehrten, als ausgesprochen kurzlebig. Die versprochene Unterstützung löste sich schnell in Nichts auf. Angesichts dessen konnte der erfolgsverwöhnte Frankenherrscher die Kampagne nur noch abbrechen. Weitere Risiken wollte er nicht eingehen, nachdem er die militärische Stärke des Gegners erkannt hatte, der zudem über viel mehr Nachschub verfügte als das karolingische Heer. Den Reichsannalen zufolge unterwarf Karl der Große während des Rückzugs allerdings die spanischen Basken und die Einwohner von Navarra. Damit war zumindest ein Ziel des Unternehmens erreicht. Zur Strafe für den geleisteten Widerstand ließ Karl die Mauern von Pamplona schleifen, wo die Basken die Bevölkerungsmehrheit stellten. Dieser Teilerfolg konnte jedoch nicht darüber hinwegtäuschen, dass die erhofften Eroberungen ausgeblieben waren. Karls spanisches Abenteuer endete am 15. August 778 nahe Roncesvalles, einem Passort in den Pyrenäen, mit einem Schock für die Franken.

Karls Biograph Einhard schildert die Ereignisse im neunten Kapitel seiner Vita Karls des Großen: »Auf dem Rückmarsch über die Pyrenäen musste er allerdings noch die Treulosigkeit der Basken erleben. Diese Gegend ist wegen ihrer dichten Wälder für Überfälle aus dem Hinterhalt sehr geeignet. Als das Heer – die engen Bergpfade ließen es nicht anders zu – in einer langen Reihe daherzog, griffen die Basken, die sich auf einer sehr hohen Bergspitze als Hinterhalt postiert hatten, die hinterste Gepäckabteilung und die sie schützende Nachhut an und drängten sie, von oben herabstürzend, ins Tal hinab.« Den weiteren Ausführungen Einhards zufolge fielen alle Franken dem anschließenden Gemetzel zum Opfer. Einige der Gefallenen werden namentlich genannt, so der königliche Truchsess Eggihard, Pfalzgraf Anselm und Hruodland, Markgraf der Bretagne. In diesem ansonsten vollkommen unbekannten Hruodland begegnet uns das historische Vorbild für den legendären »Roland«, den das französische Rolandslied einige Jahrhunderte später zum Helden von Roncesvalles erhebt.

Roland, Schrecken der Araber – die Legende

Die Legende rückt die Ereignisse um Karls Heereszug auf die Iberische Halbinsel in ein völlig anderes Licht als zeitgenössische Schriftzeugnisse. Sie verwandelt die Basken in Mauren und Markgraf Hruodland in den jungen Helden Roland. Das berühmte Rolandslied erzählt die Geschichte des verschlagenen »Maurenkönigs« Marsilie. Dieser herrscht über Saragossa und verhält sich anfangs den Christen wie auch Karl gegenüber freundlich, vollzieht aber plötzlich eine Kehrtwendung. Nachdem er seine Herrschaft gefestigt hat, wird er zu einem Unterdrücker der Christen, zerstört christliche Gotteshäuser und zwingt die »Ungläubigen«, den Islam anzunehmen. In ihrer Not wenden sich die Bedrängten an den fränkischen Herrscher Karl. »Als der Kaiser [sic!] die schlimmen Nachrichten aus Spanien hörte, fuhr er in wildem Schmerz, rasend vor Grimm, von seinem Throne empor und rief: Diese Schmach werde ich rechen, beim ewigen Gott! Die ganze Macht meines Reiches will ich nach Spanien werfen, Marsilie und die Heiden sollen mir ihre Untat büßen!«, so die Legende. Karl zögert nicht und versammelt ein Heer mit den mutigsten und treuesten seiner Gefolgsleute: dem »streitbaren« Erzbischof Turpin, den jungen Helden Roland und Oliver, den Grafen Walther und Otto sowie dem listigen Ganelon. Die Legende macht Roland zu einem Neffen Karls. Der junge Ritter führt stets sein unzerbrechliches Schwert Durendart und sein Horn Olifant mit sich, dessen Klang wie der »Donner des Himmels« meilenweit zu hören war. Dann beginnt der Zug auf die Iberische Halbinsel.

In seiner Weisheit und seinem Großmut schickt Karl eine Gesandtschaft zu Marsilie, um den Waffengang doch noch abzuwenden, doch der Maurenkönig lässt die Gesandten ermorden. Daraufhin beginnt der Feldzug. Die fränkischen Ritter erobern nach und nach die Städte der Heiden, bis nur noch Zaragoza übrig ist. Nach dem heimtückischen Gesandtenmord sind die Verhandlungen zwischen Franken und Mauren mehr als schwierig. Marsi-

Karl der Große und Harun ar-Raschid

Karl der Große und Harun ar-Raschid standen vor den gleichen Problemen. Was also lag näher, als den diplomatischen Kontakt zu suchen. Beide Parteien hatten durchaus ähnliche Interessen, wenn auch aus unterschiedlichen Gründen. Die politischen Machtfragen waren gewichtiger als alle Vorbehalte gegen die Muslime als Feinde des christlichen Glaubens. Die Abbasiden strebten danach, die omaijadische Herrschaft auf der Iberischen Halbinsel zu beseitigen. Dabei standen sie vor dem Problem, dass Córdoba zu weit von ihrem Machtzentrum Bagdad entfernt war. Militärisch ließen sich die Omaijaden von dort aus kaum in ernsthafte Bedrängnis bringen. Bereits zweimal hatte man vergeblich versucht, die Iberische Halbinsel dem Herrschaftsbereich des abbasidischen Kalifats einzuverleiben. Entsprechende Unternehmungen waren 763 und 777 gescheitert.

Den Franken war das Emirat von Córdoba ebenfalls ein Stachel im Fleisch. Immerhin ging von den Muslimen durch militärische Übergriffe jenseits der Pyrenäen eine ständige Bedrohung der westlichen Reichsgrenze aus. Und auch im Osten sahen Franken und Abbasiden in Byzanz einen gemeinsamen Feind. Die Beziehungen zwischen den fränkischen und den byzantinischen Herrschern waren nicht nur aufgrund theologischer Unterschiede gespannt: Karl der Große hatte mit seiner Krönung in Rom im Jahre 800 das untergegangene weströmische Kaisertum neu belebt und daraus Ansprüche abgeleitet, welche die Byzantiner in Rage versetzten. Das Verhältnis zwischen Byzanz und den Muslimen war seit dem Beginn der islamischen Expansion von Feindschaft geprägt. Immerhin hatte die Ausbreitung des Islams im Vorderen Orient empfindliche Gebietsverluste für das Byzantinische Reich zur Folge gehabt. Am empfindlichsten schmerzte der Verlust Jerusalems.

Schon Karls Vater Pippin III. hatte Kontakt zu den Abbasiden im fernen Bagdad gesucht und im Jahre 765 erstmals einen Gesandtschaft zum Abbasidenkalifen al-Mansur geschickt, dem Großvater

Harun ar-Raschids. Noch vor seiner Kaiserkrönung in Rom knüpfte Karl der Große daran an. Nur abendländische Quellen – darunter das Werk Einhards – berichten von der Gesandtschaft, die unter Führung zweier unbekannter Ritter namens Lantfrid und Sigismund gen Orient aufbrach. Begleitet wurden sie von einem Mann namens Isaak, einem jüdischen Fernhändler. Er diente der Gesandtschaft als Dolmetscher. Wir wissen nichts über den Verlauf der Reise und über die Schwierigkeiten, die den Abendländern unterwegs begegneten. Fest steht, dass Lantfrid und Sigismund nicht zurückkehrten. Sie starben unterwegs. Einzig Isaak überlebte die Reise. Vier Jahre nach dem gemeinsamen Aufbruch aus Aachen landete er 801 mit einem Schiff in Porto Venere. Neben zahlreichen Geschenken Harun ar-Raschids brachte er einen Elefanten namens Abu al-Abbas mit, dessen Transport für jene Zeit eine logistische Meisterleistung darstellte. Das exotische Tier sorgte denn auch dafür, dass sich Isaaks Eintreffen in Aachen bis zum 20. Juli 802 hinzog. Während des Winters wagte er nicht, mit dem Elefanten die Alpen zu passieren. Noch bevor Karl seine Geschenke in Empfang nehmen konnte, traf er selbst 801 zwischen Ivrea und Vercelli nahe dem Großen St. Bernhard mit einer Gesandtschaft Harun ar-Raschids zusammen. Im Jahre 802 traten die Araber die Rückreise ins Zweistromland an. Ergebnis des Treffens war die Zusage Haruns, die Christen Jerusalems zu schützen. Auf die Situation des Emirats von Córdoba hatte dieser sporadische Austausch allerdings keine Auswirkungen.

lies Berater verstehen es jedoch, den habgierigen Ganelon mit der Aussicht auf reichen Gewinn auf ihre Seite zu ziehen und schließlich zum Verrat anzustiften. Ganelon, der seinem Stiefsohn Roland schon länger nach dem Leben trachtet, unterbreitet Karl das vermeintliche Angebot Marsilies, künftig Frieden mit den Christen zu halten und Tribut zu zahlen. Als Gegenleistung hierfür verlangt der Maure den Abzug von Karls Hauptheer. Nur eine Handvoll ausgewählter Männer – darunter Erzbischof Turpin, Roland und Oliver – soll zurückbleiben und darauf achten, dass die Mauren Wort halten. Am Pass von Roncesvalles nehmen sie Abschied von ihren Kameraden, die, angeführt von Karl, den Rückweg ins Frankenreich antreten.

Kurze Zeit später fallen die Mauren über die Zurückgebliebenen her. Die Ritter wehren sich tapfer, können sich gegen die Übermacht aber nicht behaupten. In höchster Not, als alles schon verloren scheint, greift der wackere Roland endlich zu Olifant und stößt in das wunderbare Horn. Schnell lässt Karl das Heer umkehren, doch die Hilfe kommt zu spät: Roland liegt im Sterben. Der Verräter Ganelon ist unversehrt geblieben. Er behauptet, Seite an Seite mit den Paladinen gestritten zu haben. Karl aber schöpft Verdacht und lässt ihn in Ketten legen. Das fränkische Heer verfolgt Marsilie und nimmt Rache. Der Maurenkönig fällt im Kampf. Schließlich tritt der Kalif, den erst jetzt Kunde von Marsilies Verhalten erreicht hat, mit Karl in Friedensverhandlungen. Bedingung ist, dass Christen in Zukunft unbehelligt neben den Muslimen auf der Iberischen Halbinsel leben können. Nachdem solches versprochen ist, sorgt Karl dafür, dass die Gebeine der Gefallenen von Roncesvalles in ihre Heimat überführt werden. Zurückgekehrt nach Aachen, hält der Herrscher Gericht über den Verräter Ganelon. Dieser wird für schuldig befunden und hingerichtet.

Die Geschichte wollte es anders. In Wahrheit hatte Karl der Große keine Möglichkeit, sich für die Schmach von Roncesvalles an den Basken zu rächen. Karls Biograph Einhard entschuldigt dies mit dem Hinweis auf das spurlose Verschwinden des heimtückischen Gegners. So schließt er seinen Bericht mit den Worten: »Bis heute konnte das Geschehen nicht gerächt werden, da der

Feind nach vollbrachter Tat sich so weit verstreute, dass nicht einmal ein Gerücht blieb, wo in aller Welt er zu finden sei.«

Die Ereignisse von Roncesvalles erhielten in der Folgezeit ihre eigene Deutung, die im Rolandslied fortlebte und sich weit verbreitete. Die Kreuzzüge sorgten für die Popularität des Stoffes. Mit seinen dreihundert Strophen und rund viertausend Versen setzte das um 1100 in Nordfrankreich entstandene Rolandslied eine literarische Tradition in Gang, die Karl den Großen zum heldenhaften Streiter Christi gegen die Muslime erhob. Sie fand ihren Widerhall unter anderem um 1170 im mittelhochdeutschen Rolandslied des Pfaffen Konrad. Das nach 1140 ebenfalls in Frankreich verfasste lateinische Werk des sogenannten Pseudo-Turpin, das um 1170 in die Aachener Karlsvita »De Sanctitate Karoli Magni« einfloss, verwandelt den Herrscher gar in den Befreier des Jakobsgrabes. Die wieder in Mode gekommene Pilgerreise nach Santiago de Compostela zum hl. Jakobus erfreute sich im 12. Jahrhundert eines ersten Booms.

Die umfangreiche Karlsliteratur des Mittelalters beflügelte die Vorstellungen von Karl dem Großen als Kämpfer gegen den Islam. Ein Grund ist wohl, dass die literarische Tradition dem Frankenherrscher im Kampf für das Christentum und die Gerechtigkeit die heldenhafte Figur des treuen Paladins Roland an die Seite stellt. Dessen Wunderhorn Olifant und meisterhaftes Schwert Durendart spielen eine wichtige Rolle in der bis heute besonders in Frankreich populären Rolandssage, der modernisierten Form des ursprünglichen Rolandsliedes. Die militärische Unternehmung Karls auf der Iberischen Halbinsel im Jahre 778 und die Ereignisse am Pyrenäenpass bei Roncesvalles fanden aber nicht nur literarischen Niederschlag. Ein Fenster der Kathedrale von Chartres zeigt das Ereignis in idealisierter Form. Auch am Portal des Doms von Verona und am Aachener Karlsschrein findet sich das Motiv des heldenhaften Heidenkampfes verewigt. Seit der zweiten Hälfte des 12. Jahrhunderts taucht Roland in der Gestalt eines hochmittelalterlichen Ritters als Siegelbild wie auch als figür-liches Symbol für die von Karl verliehenen städtischen Freiheiten auf. Bis heute zeugt davon der 1404 auf dem Bremer Marktplatz errichtete Roland.

Kaum einem anderen Ereignis war im Laufe des Mittelalters ein derartiges literarisches Nachleben beschieden wie dem fehlgeschlagenen Feldzug Karls des Großen auf die Iberische Halbinsel und der Katastrophe von Roncesvalles. Dabei haben radikale Umdeutungen dazu beigetragen, die Erinnerung an das eigentliche Geschehen nahezu vollständig zu löschen. Allerdings beschäftigten sowohl die muslimische Herrschaft auf der Iberischen Halbinsel als auch die aufständischen Basken Karl den Großen weiterhin. Im Jahre 785 nahm er kampflos Gerona ein und rückte 789 in die Provinzen Urgell und Cerdagne ein. Im Jahre 801 eroberte er Barcelona und schuf als Puffer gegen muslimische Übergriffe die sogenannte Spanische Mark am Fuße der Pyrenäen. Getreu dem alten Motto »der Feind meines Feindes ist mein Freund« suchte er in der Folgezeit sogar Kontakt zu den erbittertsten Widersachern der Omaijaden, den Abbasidenkalifen im fernen Bagdad.

+++ Vom Emirat zum Kalifat von Córdoba +++

Im 9. Jahrhundert festigt sich die omaijadische Herrschaft über al-Andalus. Der Süden der Iberischen Halbinsel erlebt eine kulturelle Blüte, die über die Pyrenäen ausstrahlt. In Reaktion auf die gewaltigen Umbrüche in der islamischen Welt wird das Kalifat von Córdoba ausgerufen. Doch nur wenige Jahrzehnte später beginnt die Omaijadenherrschaft in al-Andalus zu bröckeln. Eigentlicher Herrscher des Reiches ist der Wesir Al-Mansur. Der Krieg gegen die Christen flammt wieder auf. Nach dem Untergang der Omaijaden haben die christlichen Könige leichtes Spiel gegen die muslimischen Kleinkönigreiche.

Kalifat von Córdoba ausgerufen!

Córdoba, 16. Januar 929. Abd ar-Rachman III. (889–961) musste sich behaupten. Die schiitischen Fatimiden im Norden Afrikas saßen ihm im Nacken. Ohnehin war die Einheit der Gläubigen unter der obersten Gewalt eines Kalifen nur mehr Schall und Rauch. Da waren zum einen die Schiiten in mehreren Strömungen, die sich von den Sunniten in blutigen Kämpfen abgesetzt hatten, und zum anderen die Abbasiden, die das Kalifat der Omaijaden in Damaskus blutig beendet hatten. Nun beanspruchten in Ägypten die Fatimiden gar ein weiteres Kalifat für sich. Die Ausrufung eines omaijadischen Kalifats in Córdoba war angesichts dieser veränderten Lage in der gespaltenen Gemeinschaft der Gläubigen nur konsequent. Ab dar-Rahman musste seine Machtstellung behaupten. Aus dem Emir Abd ar-Rachman wurde am 16. Januar 929 über Nacht ein Kalif. An seiner Lage änderte dies freilich nichts. Vorerst zumindest.

Das Kalifat Abd ar-Rachmans III. erlebte eine Phase der Blüte. Nach der verlustreichen Schlacht bei Simancas im August 939 konzentrierte sich der Herrscher vorrangig auf die institutionelle Festigung seines Reiches. Mit den religiösen Minderheiten gab es keine Probleme mehr. Im Gegenteil, jetzt wo der islamische Verwaltungsapparat voll eingerichtet war, die Märkte und Bäder rege besucht wurden und die Landwirtschaft der Iberischen Halbinsel im wahrsten Sinne reiche Früchte trug, traten viele Nicht-Muslime der Glaubensgemeinschaft bei. Vorbei waren die Tage der sogenannten »Märtyrer von Córdoba«, die sich Mitte des 9. Jahrhunderts mit fanatischer Inbrunst gegen ein weitergehende Islamisierung gewandt und diese »Beleidigung« des islamischen Glaubens mit dem Leben bezahlt hatten. Zugleich schwang sich das Kalifat angesichts des anhaltenden Drucks der Fatimiden auf alle Nachbarreiche zu einem begehrten Bündnispartner auf. Selbst die Byzantiner suchten den Schulterschluss mit Córdoba. So stieg die Hauptstadt des Kalifats zu einem der bedeutendsten Kultur- und Wirtschaftszentren auf. Die aus dem Orient eingeführte Zucht von Seidenraupen mehrte den Wohlstand ebenso wie Fortschritte in der Landwirtschaft durch den Einsatz neuer Bewässerungstechniken. Voraussetzung für all dies war Friede, der das Land zur Ruhe kommen ließ. Bis zur Jahrtausendwende hielt die Überlegenheit des Kalifats gegenüber den christlichen Nachbarreichen an, die sich durch Tributzahlungen den Waffenstillstand erkauften. Die Nachfolger Abd ar-Rachmans beschritten denselben Weg. Doch war der Friede nicht von Dauer.

Al-Mansur und die Glocken von Santiago

Santiago de Compostela, 10. August 997. Rauch steigt über dem Grab des Apostels Jakob auf. Ein schwarzer Tag für die Christenheit. Abu Amir Mohammed ibn Abdallah ibn Abi Amir (um 938–1002), genannt »al-Mansur bi-llah«, »der mit Gott Siegreiche«, ist über die Wallfahrtsstätte hergefallen. Die mächtigen Glocken werden heruntergeholt. Sie sind das Symbol des Sieges. Hunderte von Kilometern sollen sie von christlichen Gefangenen, die zu Sklaven geworden sind, in der Gluthitze des spanischen Sommers nach Córdoba geschleppt werden. Dort werden die Glocken zu Lampen für die prächtige Moschee umgeschmolzen. Bis heute sind sie als stumme Zeugen der Geschichte dort zu sehen.

Al-Mansur bi-llah oder Almansor herrschte seit 978 faktisch über das Kalifat von Córdoba. Der minderjährige Kalif Hisham II. (966–1013) blieb zwar offiziell im Amt, war politisch jedoch bedeutungslos. Wie aber war es dem Wesir gelungen, sich an die Spitze des Reiches zu stellen?

Die Tradition besagt, dass Almansor einer Familie entstammte, die 711 mit Tariq ibn Ziyads auf die Iberische Halbinsel gekommen ist und ihre Wurzeln im Jemen hat. Almansor wurde um 938 in Algeciras geboren, wo ihm die Stadtväter im Jahre 2002 ein Denkmal setzten. In Córdoba studierte er islamisches Recht und die von den Arabern zur Wissenschaft erhobene Grammatik. Nach Abschluss seiner Studien begann er als Sekretär der Kanzlei eine Karriere am Hof. Im Jahre 976 starb Kalif al-Hakam II. (915–976), was innere Wirren auslöste. Die Eunuchen wollten anstelle des erst zwölfjährigen rechtmäßigen Nachfolgers Hisham II. einem anderen iberischen Omaijaden zur Macht verhelfen. Es gelang der

Das Gesicht einer arabischen Stadt in Spanien

Das einstige Zentrum Toledo verlor nach Errichtung des Emirats von Córdoba an Bedeutung. Trotzdem ist die weitere Entwicklung der Stadt typisch für die Städte Spaniens, die unter arabische Herrschaft gerieten. Sie steht als gut dokumentiertes Beispiel für vergleichbare Erscheinungen in al-Andalus. Bis sich die muslimische Herrschaft in vollem Umfang auch institutionell etabliert und sich eine Administration herausgebildet hatte, scheinen die Juden eine wichtige Rolle im öffentlichen Leben der Stadt gespielt zu haben. Auch in späteren Jahrhunderten finden sich in vielen Städten von al-Andalus entgegen den Bestimmungen des *dimma*-Rechts, wonach kein Muslim unter der Gewalt eines Ungläubigen stehen sollte, immer wieder Juden in Schlüsselpositionen im Umfeld des Herrschers. Die Einschätzung mancher Historiker, dass sich die Juden im 8. Jahrhundert in Ermangelung einer administrativen Infrastruktur die Herrschaft über Toledo mit den Muslimen teilten, geht aber gewiss zu weit. Eher füllten wohl Konvertiten die Ränge. Die Zahl der *muwalladun* nahm langsam, aber stetig zu. Allerdings stieg der Zahl der Konversionen wohl erst nach dem vollständigen Ausbau der islamischen Verwaltungs- und Herrschaftsstrukturen in größerem Maße an. Wer in der Gesellschaft aufsteigen, Ämter bekleiden oder die prunkvollen Bäder besuchen wollte, musste sich zum Islam bekehren. Zu dieser Zeit verfestigte sich der Islam auch unter den nordafrikanischen Berbern.

Die *muwalladun* von al-Andalus bereiteten den islamischen Herrschern Probleme eigener Art. In verschiedenen Städten, so auch in Toledo, kam es während des 9. Jahrhunderts zu Aufständen, die von Konvertiten angeführt wurden und sich gegen die Herrschaftsgewalt in Córdoba richteten. Unter anderem mochten sich die bereits seit längerem zum Islam übergetretenen *muwalladun* nicht damit abfinden, dass Emir Muhmmad I. (852–886) frischen Konvertiten das Recht einräumte, umgehend Ämter zu bekleiden.

Die Verwandlung der iberischen in islamische Städte zeigt sich am deutlichsten darin, dass allmählich die typischen Bauten das Stadtbild beherrschen, so zum Beispiel eine Hauptmoschee mit »Kanzel« (arab. *minbar*). Daneben tritt der islamische Verwaltungsapparat in Erscheinung, so die islamische Gerichtsbarkeit, vertreten durch einen Kadi, und ein Herrschaftszentrum, repräsentiert durch die Residenz eines Statthalters. Hinzu kommen mindestens ein Markt, der an allen Tagen öffnet und wesentlich zur Wirtschaftskraft der Stadt beiträgt, sowie mehrere Wohnviertel, die ihrerseits über kleinere Gotteshäuser wie auch Märkte und Bäder verfügen können und in denen sich ein Großteil des städtischen Lebens abspielt.

Im islamischen Toledo zeigen sich diese Strukturen seit der ersten Hälfte des 10. Jahrhunderts besonders deutlich. Im Nordosten der Stadt befand sich der Alcázar, die befestigte Residenz, mit deren Bau unter dem Kalifat Abd ar-Rachmans III. (Emir 912–929, Kalif 929–961) begonnen wurde. Von der Befestigungsanlage an strategisch wichtigem Punkt ließ sich die Brücke von Alcántara über den Tajo kontrollieren. Doch schon vor diesem großzügigen Ausbau existierte in der Stadt eine Residenz, die bereits Zerstörung und Wiederaufbau durch Abd ar-Rachm n II. (822–852) erlebt hatte. Westlich der Befestigung erstreckte sich der Markt von Zocodover. In der Mitte der Stadt erhob sich die Große Moschee, die Mezquita Mayor, um die herum sich in einiger Entfernung verschiedene kleinere muslimische Gotteshäuser gruppierten. Die Friedhöfe der Glaubensgemeinschaften lagen zumindest zur Zeit der islamischen Herrschaft außerhalb der nördlichen Stadtmauer. Die Muslime begruben ihre Verstorbenen offenbar in den Ruinen des einstigen römischen Circus. Die mozarabischen Christen nutzten den weiter südlich gelegenen Kirchhof von San Ildefonso. In einiger Entfernung von der Stadt – westlich des Hauptverkehrsweges nach Saragossa – lag der jüdische Friedhof.

Das jüdische Wohnviertel, die *Madinat al-Yahud,* im Süden der Stadt ist durch seine Ummauerung von den übrigen Quartieren getrennt. Die räumliche Abtrennung eines jüdischen Wohnbezirks ist ansonsten für keine islamische Stadt in al-Andalus belegt. Die Gründe für den Bau der Umfassungsmauer im Jahre 820 liegen im Dunkeln. In der Forschung wird gestützt auf den späten Bericht des Ibn Hayyan (987–1076) häufig darauf verwiesen, der gegen Córdoba rebellierende Statthalter von Toledo, Ibn al-Qatil, habe deren Errichtung angeordnet, weil er die Loyalität der Juden gegenüber der omaijadischen Herrschaft fürchtete und glaubte, die Gemeinschaft so besser unter Kontrolle halten zu können. Wenn man von der Größe der ummauerten Fläche, die etwa ein Zehntel der Stadt ausmacht, auf die Zahl der jüdischen Einwohner Toledos rückschließen will, so dürfte die Gemeinschaft zwischen zwei- und viertausend Personen gezählt haben. Ein bedeutender Bevölkerungsanteil also, über den für die dreihundertjährige muslimische Herrschaft über Toledo nur wenig bekannt ist. Das Schweigen der arabischen Historiographen lässt darauf schließen, dass es während dieser Zeit nicht zu nennenswerten Spannungen kam. Gleiches gilt – abgesehen von der Affäre der sogenannten »Märtyrer von Córdoba«, die durch die Beteiligung des Toledaner Bischofs nicht gänzlich an der christlichen Gemeinschaft in der Stadt vorüberging – auch für die Christen, deren Zahl sich infolge von Konversionen zum Islam vor allem im 9. und 10. Jahrhundert verringerte. Andere arabisierte Christen verließen Stadt und trugen 893 dazu bei, die Stadt Zamora wieder zu bevölkern.

Witwe al-Hakams, gemeinsam mit dem Wesir al-Mushrafi und dem Truppenführer Galib die Verschwörung niederzuschlagen. Zu dieser Zeit begann die entscheidende Phase von Almansors Aufstieg. Er heiratete die Tochter Galibs und betrieb mit Eifer die Absetzung al-Mushrafis. Um ganz an die Spitze zu gelangen, musste der zum Kämmerer aufgestiegene Almansor nur noch seinen Schwiegervater Galib beseitigen. Nachdem ihm dies gelungen war und er einen neuerlichen Aufstand der Eunuchen im Keim erstickt hatte, war er am Ziel.

Als ersten Schritt zur Sicherung seiner Machtposition initiierte Almansor eine grundlegende Militärreform. Sein neues Heer stützte sich vornehmlich auf berberische Söldner, verzichtete aber darauf, die Truppen nach Stammeszugehörigkeit zu gliedern. Nachdem der Umbau des Heeres erfolgt war, nahm Almansor den Kampf gegen die Christen wieder auf. Im Laufe seiner knapp dreißigjährigen Herrschaft unternahm er nicht weniger als 52 Feldzüge gegen die christlichen Reiche der Iberischen Halbinsel. Da Almansor durchaus bewusst war, dass er aufgrund der militärischen Stärke des Gegners eroberte Städte nicht dauerhaft halten konnte, griff er häufig auf die Taktik der verbrannten Erde zurück. Barcelona wurde 985 geplündert und Coimbra zwei Jahre später so schwer zerstört, dass es einige Zeit unbewohnt blieb.

Almansor widmete sich jedoch nicht allein dem Krieg auf der Iberischen Halbinsel, er setzte darüber hinaus alles daran, eine dynastische Herrschaft zu begründen. Zu diesem Zweck machte er seinen Sohn Abd al-Malik 988 zum Statthalter in Fez, der nach Almansors Ableben neuer Regent des Kalifats von Córdoba wurde. Doch Almansor war nicht nur ein Mann des Kampfes, in seiner Hauptstadt sorgte er auch für den Bau einer neuen Residenz, der »glänzenden Stadt«, und erweiterte die große Moschee. Er hatte kriegerisch gelebt und fand sein Ende auf einem Feldzug. In Medinaceli, einer kleinen Ortschaft in der Provinz Soria, erlag er auf der Rückkehr von einer militärischen Expedition wahrscheinlich den Folgen seiner Gicht. Die spätere christliche Geschichtsschreibung, die nicht wahrhaben wollte, dass diese »Geißel der hispanischen Christenheit« im Krankenbett gestorben war, erfand daraufhin kurzerhand eine Schlacht: Es war ruhmreicher, den elenden Feind im Kampf bezwungen zu haben. So vermeldet die Chronik des Lucas de Tuy (gest. 1249), Almansor sei im Juli 1002 in der Schlacht bei Calatanazor schwer verwundet worden, habe sein Augenlicht verloren und sei wenig später gestorben. Jahrhundertelang glaubte man diese fantastische Geschichte, bis der niederländische Orientalist Reinhart Dozy (1820–1883) sie am Ende des 19. Jahrhunderts als reine Erfindung entlarvte.

Nach dem Tod Almansors wurde der Zerfall der omaijadischen Herrschaft immer offenkundiger. Um 1031 brach das Kalifat zusammen. An seine Stelle traten kleine Königreiche, die Taifas, von denen manche nicht lange überdauerten. In anderen wiederum entfaltete sich ein reiches Kultur- und Geistesleben.

Taifenreiche – Stunde der Kleinkönige

Unter omaijadischer Herrschaft hatte sich das islamische Toledo zu einem wichtigen Wirtschafts- und Handelszentrum in al-Andalus entwickelt. Arabischen Zeugnissen des 10. Jahrhunderts zufolge war die Stadt sehr groß und gut befestigt, dennoch ließ es sich angenehm in ihr leben. Sie berichten ferner, die Landwirtschaft habe dank eines guten Bewässerungssystems so geblüht, dass es den Toledanern nie an Getreide von höchster Qualität gemangelt habe. Auch in Zeiten des Krieges sei die Versorgung der Stadt stets gesichert gewesen. Toledo verfügte neben seinem Getreide auch über das begehrte Luxusgut Safran, der wegen seiner Farbe und seines Aromas als der beste in ganz Spanien galt.

Die bedeutendsten Handwerkszweige in der Stadt waren die Metallverarbeitung – insbesondere von Kupfer – und die Textilherstellung. Durch seine Lage an den wichtigsten Straßen, die es über Calatrava und Guadalajara mit Córdoba und Saragossa sowie über Mérida mit dem Tal des Tejo verbanden, und mit seinen gut sortierten Märkten war Toledo ein wichtiger Handelsplatz. Archäologische Untersuchungen zeigten, dass die Stadt an der Wende zum 11. Jahrhundert über mindestens zwölf Moscheen und dreizehn Badehäuser verfügte. Über die Anteile der verschiedenen Glaubensgemeinschaften zu dieser Zeit liegen keine Angaben vor. Muslime und *muwalladun* werden zweifelsohne die Mehrheit der rund 30 000 Einwohner gebildet haben. Welche zahlenmäßigen Veränderungen die jüdische und die mozarabische Bevölkerung erfuhr, lässt sich ebenso wenig ergründen. Vor allem Konversionen wie auch Emigration in die christlichen Herrschaftsgebiete im Norden der Iberischen Halbinsel führten dazu, dass in der zweiten Hälfte des 11. Jahrhunderts nur noch ein verhältnismäßig kleine Gruppe von Mozarabern in Toledo lebte. Umstritten ist die These, dass es in der letzten Phase islamischer Herrschaft nach 1031 zu einer verstärkten Einwanderung von Christen aus dem Norden der Iberischen Halbinsel gekommen sei, die bei der christlichen Rückeroberung der Stadt das Rückgrat einer blühenden mozarabischen Gemeinschaft gebildet habe. Diego Adrián Olstein hat unlängst anhand mozarabischer Urkunden aus Toledo belegen können, dass ein stärkerer Zuzug arabisierter Christen aus anderen Städten Spaniens wohl erst um 1150 einsetzte. Schriftliche Quellen über das Leben der christlichen und jüdischen Minderheit Toledos unter islamischer Herrschaft sind spärlich. Obwohl archäologische Funde belegen, dass Juden bereits jahrhundertelang in der Stadt ansässig waren, wird der erste schriftliche Beleg für die Existenz einer jüdischen Gemeinde in der Stadt nicht vor dem Jahre 1083 greifbar. Rabbi Bu Ishaq ben Nahamiyyas al-Yahudi erscheint in dem mozarabischen Dokument als Käufer eines Weinbergs »nach dem Recht der Muslime«, den er für die Summe von 300 Mizcales von der Christin Schamila, Tochter des Farag, erwarb. Es wäre gewagt, auf Grundlage dieses einzigen und auch späten Zeugnisses Rückschlüsse auf die Prosperität der jüdischen Gemeinschaft in Toledo unter islamischer Herrschaft zu ziehen. Der Kaufvertrag zeigt indes, dass Angehörige verschiedener Religionen geschäftliche Beziehungen untereinander pflegten, darunter auch Grunderwerb, die auch dann islamischen Rechtsnormen unterlagen, wenn keine Muslime am Geschäft beteiligt waren.

Sowenig sich mit Bestimmtheit über die alltäglichen Lebensumstände von Christen und Juden unter islamischer Herrschaft sagen lässt, sowenig geben zeitgenössische Quellen Auskunft darüber, welche Auswirkungen der Zerfall des omaijadischen Kalifats nach dem Tod des mächtigen »ersten Ministers« (arab. *hagib*) Ibn Abi Amir, genannt Almansor, im Jahre 1002 und die bürgerkriegsartigen Auseinandersetzungen der Folgejahre auf den Alltag religiöser Minderheiten in Toledo hatten. Genährt wurden die Zwistigkeiten wohl vor allem von Berbern und Sklaven, die Almansor ebenso wie Söldner für seine Kriegszüge in großer Zahl nach al-Andalus hatte bringen lassen.

Nach bürgerkriegsähnlichen Zuständen (arab. *fitna*), in denen sich vor allem ethnische Konflikte zwischen Arabern und Berbern entluden, kam es bis 1031 zur Ausbildung von etwa dreißig kleineren Königsherrschaften, den sogenannten Taifenreichen (arab. *taifa*). Dieser tiefgreifende machtpolitische Umbruch, der die muslimische Position auf der Iberischen Halbinsel insgesamt schwächte, spielte in der Folgezeit eine wichtige Rolle im Fortgang der Reconquista und schuf zugleich einen Präzedenzfall in der Geschichte des Islams. Eine Waffenruhe – einen dauerhaften Frieden schließen die Bestimmungen des Koran aus – zwischen Muslimen und Christen oder Juden war gemäß *dimma*-Recht nur durch die Unterwerfung der Nicht-Muslime möglich. Diese beruhte auf dem symbolischen Akt der Tributzahlung. Hatte sich das Instrument der bereits erwähnten *gizya* im 11. Jahrhundert längst zu einer individuellen Abgabe der unter islamischer Herrschaft lebenden Nicht-Muslime gewandelt, fand es nun wieder in seiner ursprünglichen kollektiven Form Anwendung. Während christliche Herrscher zunächst noch Tribute an die Taifenkönige ablieferten, änderten sich diese Verhältnisse spätestens in der zweiten Hälfte des 11. Jahrhunderts. Nun waren es die Taifas, die sich durch regelmäßige Zahlung von *parías* an christliche Könige Ruhe verschafften. Der Fall, dass Muslime Tribute an Christen entrichten, ist allerdings weder im Koran noch in der weiteren religiösen Überlieferung (arab. *hadit*; Bericht, Mitteilung, Erzählung) behandelt und stellt ein theologisches Problem dar. Für zeitgenössische Rechtsgelehrte, die verschiedentlich daran erinnerten, dass gemäß der Lehre des Propheten kein Muslim unter der Herrschaft Andersgläubiger leben soll, dürften Tributzahlungen an Christen einer Unterwerfung gleichgekommen sein. In diesem Fall obsiegte

Pragmatismus über religiöse Prämissen – nicht zuletzt Resultat der Zersplitterung islamischer Zentralgewalt, die sich auch in den variablen Titeln der Taifenkönige widerspiegelt. Obwohl sie als Souveräne in ihrem Machtbereich regierten, Privilegien vergaben, nach Belieben Ämter des Verwaltungsapparats besetzten oder Münzen prägten, beanspruchte wegen der herausragenden religiösen Bedeutung für die *umma* keiner der Taifenherrscher die Titel Imam, Kalif oder *Amir al-Mu'minin*.

In Toledo, der flächenmäßig größten und neben Sevilla und Zaragoza bedeutendsten Taifenherrschaft, schwang sich der arabisierte Berberclan der Banu Dil-Nun zur Macht auf. Die zum Stamm der Hawwara gehörigen Banu Dil-Nun waren im 9. Jahrhundert zunächst in Santaver ansässig geworden. Abd ar-Rahman ben Dil-Nun hatte schon am Ende des omaijadischen Kalifats und während der Unruhen der Folgezeit versucht, seinem Sohn Ismail az-Zafir den Weg zur Herrschaft im Taifenreich Toledo zu ebnen. Sein Nachfolger Yahya ibn Ismail mit dem Beinamen *al-Ma'mun* (1042/43–1075), der über dreißig Jahre die Geschicke Toledos bestimmte, bescherte der Stadt ein Blütezeit. Er war ein Förderer von Wissenschaft, Kunst und Literatur. Sein Hof in Toledo zog namhafte Vertreter unterschiedlicher Disziplinen an, etwa den aus Almería stammenden Saīd »el Toledano«, die Astronomen Abu l-Qasim und Azarquiel (Abu Ischaq Ibrahim), den Universalgelehrten Abu Yafar, den Arzt, Philosophen und Mathematiker Abu Utman Said Muhammad Ibn al-Bagunisch oder den zu dieser Zeit wohl bedeutendsten Toledaner Heilkundigen und Autor des Werkes »Summe der Ackerbaus«, Ibn Wafid. Doch wirkten nicht nur muslimische Gelehrte im Umfeld der toledanischen Herrscher, Juden standen ebenso in ihren Diensten, darunter der Heilkundige Ischaq ibn Qastar, der 1056 hochbetagt in Toledo starb. Zu den angesehenen jüdischen Würdenträgern in der Stadt zählte zu dieser Zeit die Familie des bedeutenden Religionsphilosophen Jehuda Ha-Levi, der um 1080 geboren wurde und von dessen Werk an anderer Stelle noch die Rede sein wird.

Weniger deutlich erscheint die Rolle der Mozaraber im Toledo der Taifenzeit. Fest steht, dass der Bischofsstuhl während des 10. Jahrhunderts vakant war. Die mozarabische Gemeinschaft muss klein gewesen sein und hat wohl im geistigen Leben keine Akzente gesetzt. Eindeutige Belege, dass auch Mozaraber von der Blüte des toledanischen Taifenreiches angezogen wurden und sich dort noch in der ersten Hälfte des 11. Jahrhunderts niederließen, fehlen. Muslime und eine bedeutende jüdische Minderheit bilden mithin den Kern der Stadtbevölkerung am Vorabend der christlichen Rückeroberung.

Toledo wieder in christlicher Hand

Die Vorgeschichte wie auch die Umstände der christlichen Wiedereinnahme Toledos durch König Alfons VI. sind von der historischen Forschung unterschiedlich dargestellt und bewertet worden. Im Jahre 1072 hatte sich Alfons VI. gegen seine Brüder behauptet und die Herrschaft über die Reiche Kastilien, León und Galicien errungen. Fortan nannte er sich »Rex Hispanniae«. Dem Anspruch dieses Titels Rechnung tragend, setzte der König auf Krieg und suchte sein Herrschaftsgebiet zu vergrößern. Der bedeutendste und symbolträchtigste Erfolg dieser Expansionspolitik war die Rückgewinnung Toledos, der einstigen Hauptstadt der Westgoten. Wie sehr sich auch die Muslime der herausragenden Bedeutung des christlichen Triumphs bewusst waren, belegen die Ausführungen des Taifenherrschers von Granada, Abd Allah ibn Buluqqin. In seinem zeitgenössischen Werk betont er, dass der Fall Toledos die Muslime in ganz al-Andalus mit Schrecken erfüllt und ihnen alle Hoffnung genommen habe, weiterhin auf der Iberischen Halbinsel leben zu können. Hatte Alfons im Zuge des königlichen Familienzwists 1071 bei dem Taifenherrscher al-Ma'mun noch vorrübergehend Schutz vor seinem Bruder Sancho II. gesucht, änderte sich die Situation nur wenige Jahre später entscheidend: Der Tod al-Ma'muns im Jahre 1075 stürzte die Taifa von Toledo in eine existentielle Krise. Sein Enkel und Nachfolger al-Qadir vermochte sich gegen die starken oppositionellen Kräfte allein nicht durchzusetzen, floh 1080 aus der Stadt und ersuchte Alfons VI. um Hilfe. Kurzfristig vermochte al-Qadir dank der Hilfe des christlichen Königs 1081 die instabile Herrschaft noch einmal zu übernehmen, doch seine wachsende Abhängigkeit vom Wohlwollen Alfons' VI. verstärkte den Unmut unter der muslimischen Bevölkerung. Es zeichnete sich ab, dass al-Qadir angesichts der Umstände auf Dauer als Herrscher nicht haltbar sein würde.

Welche Gruppen bildeten diese Opposition gegen den letzten Taifenherrscher aus dem Hause der Banu Dil-Nun, die am 6. Mai 1085 letztlich zum christlichen Einmarsch führte? Die Ansichten der Forscher darüber gehen auseinander. Manche meinen, zwei oppositionelle Gruppen hätten gewirkt: die in der Stadt ansässigen Mozaraber und die Parteigänger des Taifenherrschers von Badajoz, Umar al-Mutawwakil. Anderen Meinungen zufolge spielten allein die toledanischen Mozaraber eine entscheidende Rolle bei der Wiedergewinnung der Stadt. In diesem Zusammenhang wird auf die Schlüsselposition des mozarabischen Grafen von Coimbra, Sisnando Davídiz (gest. 1091), im engsten Umfeld Alfons' VI. hingewiesen. Nach jüngsten Untersuchungen sprechen alle Fakten dafür, dass es in Toledo vor der Machtübernahme durch Alfons allenfalls eine unbedeutende Minderheit mozarabischer Christen gegeben hat; so erscheint es mehr als unwahrscheinlich, in dieser Gruppe eine nennenswerte Bedrohung von al-Qadirs Herrschaft zu sehen. Geeignete Belege für eine mozarabische Beteiligung an der Rückgewinnung Toledos fehlen, zudem besaß der aus Portugal stammende Sisnando Davídiz offenbar keine familiären Wurzeln in Toledo. Allerdings fungierte er mehrfach als Gesandter des Königs von Kastilien-Léon und hatte zweifelsohne maßgeblichen Anteil an den Verhandlungen mit al-Qadir. Ebenso unwahrscheinlich erscheint die Hinwendung einer größeren Gruppe von Muslimen zu einer christlichen Herrschaftsübernahme. Laufen schon theologische Vorstellungen einem Leben unter christlicher Dominanz zuwider, belegt die massenhafte Auswanderung der Muslime in der unmittelbaren Phase vor der Rückeroberung – insbesondere der muslimischen Eliten – die praktische Einhaltung der religiösen Normen. Am wahrscheinlichsten ist somit, dass die muslimische Bevölkerung Toledos auf die Unterstützung des Taifenherrschers al-Mutawwakil von Badajoz setzte, um die zunehmende Abhängigkeit von Alfons VI. abzuschütteln und die Souveränität zu behaupten. Dieser Plan ging jedoch nicht auf.

Seit 1082 erhöhte König Alfons VI. von Kastilien-León den militärischen Druck auf Toledo. Sein Heer verwüstete die umliegenden Felder und nahm mehrere strategisch wichtige Festungen ein. Der Überlieferung zufolge hatte al-Qadir angeboten, die Stadt aufzugeben, wenn Alfons ihm im Gegenzug zum Thron von Valencia verhelfen würde. Im Spätsommer 1084 begann der König mit der Belagerung Toledos. Die Taktik der verbrannten Erde tat ein Übriges, die Kapitulation zu beschleunigen. Um der drohenden Hungersnot zu entgehen, waren gemäß der Schilderung des zeitgenössischen Geschichtsschreibers Ibn Bassam as-Santarini die meisten muslimischen Einwohner bereits aus der Stadt und dem Umland geflohen. Ibn al-Kardabus hingegen vermerkt, dass seine Glaubensgenossen erst vor dem herannahenden alfonsinischen Heer aus Toledo flüchteten. Zu den ersten Auswanderern gehörte die geistige und geistliche Elite, darunter Ibn Wafid. Der in Toledo geborene Mathematiker und Astronom Azarquiel ließ sich in Córdoba nieder, wo er im Jahre 1100 starb. Auch der Heilkundige und Botaniker Ibn al-Lunquh, ein Schüler des Ibn Wafid, kehrte Toledo den Rücken. Seine Spur findet sich 1094 zunächst in Sevilla wieder, von wo er nach Córdoba weiterzog, um bis zu seinem Tod 1105 in der Stadt zu bleiben. Nur wenige Gelehrte blieben in Toledo. Die Grenze zur islamischen Welt war unmittelbar nach der christlichen Wiedergewinnung Toledos nah und offen, was eine Massenauswanderung erleichterte. Noch am Ende des 12. Jahrhunderts war die südliche Grenze zum islamischen Herrschaftsbereich kaum mehr als fünfzig Kilometer entfernt. Erst im Zuge wachsender Erfolge der Reconquista in der ersten Hälfte des 13. Jahrhunderts rückte sie in so weite Ferne, dass Emigration kaum mehr möglich war.

Über das Verhalten der Juden während der Belagerung und Einnahme der Stadt gibt es keine Zeugnisse. Skepsis scheint gegenüber der Behauptung geboten, die bedeutende jüdische Gemeinde sei vollzählig in Toledo verblieben. Das islamische *dimma*-Recht gewährte den Juden Schutz von Leben und Besitz, dem deren vergleichsweise große Rechtsunsicherheit in christlichen Reichen gegenüberstand. Angesichts der Situation ihrer Glaubensgenossen unter christlicher Herrschaft konnten die Toledaner

Juden nicht von vornherein auf die gleichen oder gar bessere Lebensbedingungen nach dem Machtwechsel hoffen. Auch wenn Alfons VI. für seine vergleichsweise wohlwollende Haltung gegenüber den Juden bekannt war, konnte sich die Lage schon unter seinem Nachfolger entscheidend ändern. So dürften neben den Muslimen auch zahlreiche Juden Toledo verlassen haben, darunter die Familie Jehuda Ha-Levis. Dass nur wenig später die Almoraviden auf den Plan treten und eine strengere Religionspolitik verfolgen würden, war zum Zeitpunkt der Wiedergewinnung Toledos für die Christen der Iberischen Halbinsel noch nicht abzusehen. Nicht zweifelsfrei geklärt sind die Umstände. Während einige arabische Chronisten berichten, dass die christliche Übernahme der Stadt nicht gänzlich ohne Blutvergießen verlief, sprechen andere von kampfloser Kapitulation der Muslime.

Am 25. Mai 1085 hielt König Alfons feierlichen Einzug in seine neue Hauptstadt, in der sein mozarabischer Berater Graf Sisnando Davídiz als Gouverneur eingesetzt wurde. Die Kapitulationsbedingungen, deren Original nicht erhalten ist, zielten auf eine Gleichberechtigung der christlichen, jüdischen und muslimischen Bevölkerung ab. Allerdings geben die in den lateinischen und arabischen Chroniken überlieferten Exzerpte wohl nur die wichtigsten Klauseln wider. Dem toledanischen Erzbischof und Historiographen Rodrigo Jiménez de Rada (1209–1247) zufolge wurde den Muslimen nicht nur ihr gesamter Besitz belassen, sondern auch Glaubensfreiheit zugestanden. Darüber hinaus sollte die Hauptmoschee, die Mezquita Mayor, in ihrer Obhut verbleiben. In modifizierter Form galten diese Verfügungen auch für die Juden und die bereits in der Stadt ansässigen mozarabischen Christen. Ferner sollten die Abgaben auf der Höhe vor Einnahme der Stadt bleiben. Diese Bestimmung bedurfte für Muslime und Juden gewiss einer näheren Ausführung, denn Nichtmuslime waren vor der christlichen Herrschaftsübernahme zur Zahlung einer Kopf- und gegebenenfalls einer Grundsteuer (arab. *gizya* und *harag*) verpflichtet. Darüber hinaus waren Juden unter christlicher Herrschaft in der Regel zu Sonderabgaben an den König verpflichtet. Ferner sollten Alfons VI. alle vakanten Besitzungen zustehen. Ibn al-Kardabus fügt hinzu, dass der König den Muslimen freien Abzug garantierte und zugleich das Recht auf Rückkehr bei voller Erstattung der Habe einräumte.

Die von Pragmatismus bestimmte Intention des Herrschers, durch die formale Gleichberechtigung der drei Glaubensgemeinschaften einer Entvölkerung der Stadt entgegenzuwirken und die rechtliche Grundlage für ein friedliches Zusammenleben zu schaffen, scheiterte jedoch schnell an den konträren Interessen seiner Entourage. Alfons' Gemahlin Konstanze von Burgund (gest. 1092) wie auch der überwiegend aus Frankreich stammende Klerus stellten sich gegen einen allzu toleranten Umgang mit Andersgläubigen. So war ihnen vor allem Sisnando Davídiz, der aufgrund seiner eigenen Biographie für eine Politik der *Convivencia* stand, ein Dorn im Auge. Es ist wohl dem großen Einfluss dieser Fraktion zuzuschreiben, dass Alfons seinen mozarabischen Statthalter nur sechs Monate später durch den Grafen Pedro Ansúrez (gest. 1117) ersetzte. Ansúrez, einer der engsten Berater des Königs verfolgte eine harte Linie gegenüber den Muslimen. Die Abkehr von der ursprünglich vom König angestrebten *Convivencia* hatte tiefgreifende Konsequenzen für die weitere Entwicklung des Zusammenlebens von Christen, Muslimen und Juden. Toledo veränderte sein Gesicht ein weiteres Mal. Aus einer islamischen wurde in der Folgezeit allmählich wieder eine christliche Stadt.

+++ Der Untergang von al-Andalus +++

Die christliche Rückeroberung Toledos ist ein Markstein für den weiteren Verlauf der Reconquista. Die neue Hauptstadt Kastiliens wird zum Anziehungspunkt für Gelehrte aus ganz Europa, die wissenschaftliche Texte zum ersten Mal ins Lateinische übersetzen. Fast fünfhundert Jahre nach dem Tod Mohammeds gibt Petrus Venerabilis, Abt von Cluny, eine Übersetzung des Korans in Auftrag. Die Kreuzzugsbegeisterung beschleunigt die iberische Reconquista. Trotz Rückschlägen ist die Verdrängung der Muslime von der Iberischen Halbinsel nach dem christlichen Sieg über die Almohaden bei Las Navas de Tolosa nur noch eine Frage der Zeit.

Toledo – Stadt des Wissens und der ersten Koran-Übersetzung

Wie kaum eine zweite von den Christen zurückeroberte Stadt der Iberischen Halbinsel übte Toledo kurz vor der Mitte des 12. Jahrhunderts eine nahezu magische Anziehungskraft auf Gelehrte aus allen Teilen des Abendlandes aus. Sie kamen hierher, um die wissenschaftlichen Werke aus dem Orient zu studieren, zu übersetzen oder übersetzen zu lassen. Zwar wurden auch andernorts in Spanien Übersetzungen angefertigt, so etwa in Barcelona oder Tudela, doch schwang sich die Hauptstadt Neukastiliens zu einem europaweit angesehenen Zentrum auf. Angesichts der großen Zahl in Toledo entstandener Übersetzungen herrschte lange Zeit die Ansicht vor, es habe dort eine Art Übersetzerschule bestanden. Nach dieser eher romantischen Vorstellung wirkten dort muslimische, jüdische und christliche Gelehrte gemeinsam an der Übertragung von Schriften aus allen Wissensdisziplinen vom Arabischen oder Hebräischen ins Lateinische. Tatsächlich hat es eine solche Übersetzerschule nie gegeben. Die Schriftzeugnisse selbst geben Auskunft über die im Toledo des 12. Jahrhunderts gepflegte Übersetzungspraxis. So ist etwa im Vorwort der lateinischen Übersetzung einer philosophischen Abhandlung aus der Feder Ibn Sinas (Avicenna, um 980–1037) zu lesen, dass zwei Übersetzer mit der Arbeit beschäftigt gewesen waren. Während der jüdische Übersetzer Avendeuth – auch unter dem Namen Johannes von Sevilla bekannt – den Ausführungen zufolge den Text in die romanische Umgangssprache übersetzte, übertrug sie der Geistliche Domingo Gonzálvez sodann ins Lateinische. Die Arbeit war im Jahre 1140 durch den toledanischen Erzbischof Raimund (1125–1152) in Auftrag gegeben worden, der zu dieser Zeit zahlreiche wissenschaftliche Werke übersetzen ließ.

Für diese erste Phase reger Übersetzertätigkeit in Toledo zwischen 1130 und 1187 ist charakteristisch, dass die Werke aus dem Arabischen zunächst in eine alltagssprachliche Zwischenstufe gebracht wurden. Diese diente als Grundlage der lateinischen Übersetzung. Es liegt auf der Hand, dass die Übersetzungen in ihrer

Qualität wegen dieses Verfahrens unterschiedlich ausfielen. Zudem erforderte der Umgang mit anspruchsvollen wissenschaftlichen Schriften neben herausragenden sprachlichen Fähigkeiten auch Fachwissen in der jeweiligen Disziplin. Vor allem jüdische Übersetzer waren aufgrund ihrer Sprachkenntnisse häufig in der Lage, die Texte allein aus dem Hebräischen oder Arabischen ins Lateinische zu übertragen. Gewöhnlich jedoch arbeiteten die Übersetzer mit einem Partner zusammen – über Glaubensschranken hinweg. Während die Übersetzung aus der Originalsprache in die Zwischenstufe in der Regel von einem Übersetzer angefertigt wurde, dessen Muttersprache Arabisch war – einem mozarabischen, jüdischen, muslimischen oder zum Christentum konvertierten Gelehrten –, übernahm ein Geistlicher zumeist den lateinischen Feinschliff. Zugleich glättete er den Text in christlichem Sinne an solchen Stellen, wo dies nach seiner Auffassung nötig war. Auf diese Weise entstand in Toledo auch die erste abendländische Übersetzung des Korans.

Initiator dieses Unternehmens war kein Geringerer als Petrus Venerabilis, Abt von Cluny. Im Jahre 1141 war dieser zur Visitation der cluniazensischen Klöster auf der Iberischen Halbinsel nach Toledo gereist. Dort machte er die Bekanntschaft der Gelehrten Robert von Chester und Hermann von Carinthia (Hermann von Kärnten), die sich intensiv dem Studium wie der Übersetzung naturkundlicher, astronomischer und mathematischer Werke widmeten. Petrus Venerabilis beauftragte sie nun, den Koran ins Lateinische zu übersetzen. Unterstützt von dem Mozaraber Petrus von Toledo und einem Muslim namens Mohammed, machten sich die beiden ans Werk. Nachdem die Glaubensinhalte des Islams im Westen weitgehend unbekannt geblieben waren, lag der Koran im Jahre 1143 – fünfhundert Jahre nach seiner Entstehung – in einer lateinischen Übersetzung vor. Diese bildete den Kern der sogenannten »Collectio Toledana«, einer Sammlung übersetzter religiöser Schriften aus christlicher, jüdischer und muslimischer Feder. Dadurch wurde die zuvor geringe Kenntnis des Islams und seiner Glaubensinhalte zumindest in Gelehrtenkreisen beträchtlich erweitert. Die Übersetzer taten sich schwer, die schwierige, poetisch durchdrungene Sprache des Korans und die zahlreichen ver-

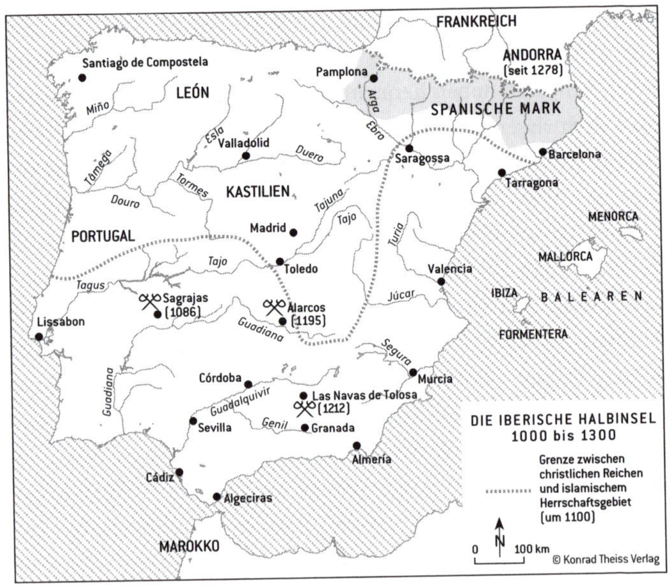

schlüsselten Andeutungen, rätselhaften Geheimbuchstaben am Beginn vieler Suren und anderen philologische Tücken ins Lateinische zu übertragen. Eine verbesserte Fassung entstand zu Beginn des 13. Jahrhunderts ebenfalls in Toledo. Die Koranübersetzung des Mozarabers Markus von Toledo korrigierte manche Fehler, fand aber trotzdem nicht die ihr gebührende Verbreitung.

Die erste Phase reger Übersetzungstätigkeit in Toledo endete mit dem Tod ihres wohl herausragendsten Vertreters Gerhard von Cremona im Jahre 1187. Das Wirken des Markus von Toledo, das in den zeitgenössischen Schriftquellen zwischen 1198 und 1212 belegt ist, wie auch des Michael Scotus zeigt, dass auch weiterhin Übersetzungen entstanden, wenn auch in geringerer Zahl. Michael Scotus, »der Schotte«, begleitete im Jahre 1215 den Erzbischof von Toledo auf seiner Reise zum IV. Laterankonzil nach Rom. Mit Hilfe eines jüdischen Übersetzers übertrug er eine astronomische Schrift des al-Bitrugi ins Lateinische. Außerdem begann er wohl noch in Spanien mit der Übersetzung des zoologischen Werks des Aristoteles. Wohl um das Jahr 1220 verließ der illustre Schotte die Iberische Halbinsel und trat in die Dienste des Stauferkaisers Friedrich II. (1212–1250). Um die Mitte des 13. Jahrhunderts knüpfte König Alfons X., der Weise (1252–1284) an die erste Hochblüte der Übersetzung in Toledo an. Die Arbeitsweise hatte sich allerdings grundlegend verändert. Der Herrscher legte besonderen Wert auf die Förderung der kastilischen Sprache. Sie sollte dazu beitragen, dass sich unter den Bewohner seines Reiches ein kastilisches »Nationalbewusstsein« entwickelte. So wurden die Werke nicht länger ins Lateinische übersetzt, sondern direkt ins Kastilische.

Sieger werden zu Besiegten

Toledo war wieder in christlicher Hand, doch die Freude währte nur kurz. Der wichtige Etappensieg der Christen auf dem Weg zur Rückeroberung des gesamten Landes rief unvermittelt einen neuen, gefährlichen Feind auf den Plan: die Almoraviden. Die glaubensstrengen Berber, für die dem Kampf gegen die Ungläubigen besondere Bedeutung zukam, waren von ihren bedrängten Glaubensbrüdern auf der Iberischen Halbinsel zur militärischen Unterstützung aus Nordafrika herbeigerufen worden. War der Konflikt bis dahin vor allem davon bestimmt gewesen, möglichst große Gebiete zurückzuerobern oder zu halten, traten nun religiöse Aspekte in den Vordergrund. Schon bei der ersten größeren Konfrontation bekam König Alfons VI. von Kastilien-León zu spüren, aus welchem Holz die Almoraviden geschnitzt waren. Am 23. Oktober 1086 trafen die königlichen Truppen bei Zallaqa, dem heutigen Sagrajas in der Provinz Badajoz, auf den Feind. Das almoravidische Heer unter Führung Yusuf ibn Taschfins setzte sich aus drei Abteilungen zusammen: Eine bestand aus Kriegern der Taifenreiche, die zweite aus almoravidischen Berbern; die dritte Abteilung bildeten wohl schwarzgekleidete Elitekämpfer, die in den arabischen Berichten gesondert erwähnt werden. Anderen Meinungen zufolge handelte es sich bei letzteren um Schwarzafrikaner. Zahlenmäßig war das muslimische Heer der Armee Alfons' VI. haushoch überlegen. Schätzungen zufolge traten etwa dreitausend christliche Streiter gegen rund fünftausend Muslime an. Das

Gerhard von Cremona – auf der Suche nach dem besten Text

Der Italiener Gerhard von Cremona zählt zu den bedeutendsten Übersetzern, die im 12. Jahrhundert in Toledo wirkten. Er wurde um 1114 in Cremona in der Lombardei geboren und widmete sich in seiner italienischen Heimat intensiv dem Studium unter anderem der Philosophie. Sein besonderes Interesse galt dem »Almagest« des antiken Gelehrten Ptolemäus, in dessen dreizehn Bänden die Grundlagen der griechischen Astronomie in lehrbuchartiger Weise zusammengestellt waren. Allerdings gab es im christlichen Abendland kein Exemplar des Werkes, geschweige denn eine lateinische Übersetzung. Mit dem Ziel, auf Grundlage der besten Textversion eine solche zu erstellen, trat Gerhard die Reise nach Toledo an.

Wann genau er in Spanien eintraf, ist unklar. Sein Wirken unter den Geistlichen der Kathedrale, an deren Schule er lehrte, ist spätestens im Jahre 1157 belegt. Vielleicht kam er aber auch schon kurz nach dem Abschluss seines Studiums 1145 auf die Iberische Halbinsel. In Toledo angelangt, wurde ihm sofort der unschätzbare Wert der orientalischen Werke für die abendländische Wissenschaft klar. Die lateinischen Schriften waren ihm allesamt bekannt, doch in den Bibliotheken Spaniens schlummerten viele Wissensschätze, die es zu heben galt. Allerdings bedurfte es hierzu einer ausgezeichneten Kenntnis der arabischen Sprache. Gerhard von Cremona nahm die Mühe auf sich. Es brauchte Jahre, bis er die schwierige Sprache so gut beherrschte, dass er sich an die ersten Übersetzungen wagen konnte. Die Schaffung einer Fachterminologie und die Suche nach der besten Textvorlage als Basis für eine Übersetzung wurden für ihn zur Lebensaufgabe.

Gerhard war über sechzig Jahre alt, als er 1175 endlich sein erstes Ziel erreicht hatte. Es war ihm gelungen, den »Almagest« zum ersten Mal ins Lateinische zu übersetzen und so dem Abendland zugänglich zu machen. Vorausgegangen war die ebenso mühsame wie geduldige Suche nach dem Text, der dem antiken Original nach Auffassung Gerhards am nächsten kam. In den folgenden Jahren übersetzte der Italiener gemeinsam mit seinem mozarabischen Mitarbeiter Galib 71 Werke aus verschiedenen Wissenschaftsdisziplinen, hauptsächlich medizinische Schriften. Neben verschiedenen Texten des Galen von Pergamon wurden durch Gerhards Wirken die Hauptwerke des ar-Razi (Rhazes) und des Ibn Sina (Avicenna) bekannt. Der sogenannte »Canon medicine« des Ibn Sina löste im medizinischen Unterricht an den jungen abendländischen Universitäten den bereits ein knappes Jahrhundert zuvor in Süditalien ins Lateinische übertragenen »Liber regius« des Haly Abbas ab. Außerdem widmete sich Gerhard von Cremona der Übersetzung von Werken, die auf der Iberischen Halbinsel entstanden waren. Die wohl bedeutendsten dieser Schriften waren die chirurgische Abhandlung des az-Zahrawi, genannt Abulkasis, der in Córdoba praktiziert hatte, und der Traktat über die Heilmittel des Ibn Wafid aus Toledo. Im Jahre 1187 starb der fleißige Übersetzer, von seiner gelehrten Umgebung in einer eigenen Eloge für sein unermüdliches Wirken gelobt.

Islam oder Der unbekannte Glaube der Feinde

Als die abendländischen Kreuzfahrer am Ende des 11. Jahrhunderts zur Befreiung der heiligen Stätten in den Vorderen Orient aufbrachen, blickten die Muslime bereits auf eine nahezu fünfhundertjährige Geschichte zurück. Auf der Iberischen Halbinsel lebten Christen unter islamischer Herrschaft. Auch im Süden Italiens hatten Araber und Berber zeitweilig Fuß fassen können. Dennoch wussten die meisten Menschen im christlichen Abendland nicht mehr über das Leben des Propheten Mohammed oder die Glaubensinhalte des Islams als zu Beginn der islamischen Expansion, im Gegenteil: Die in der Hauptsache von Waffengewalt bestimmte Begegnung zwischen lateinischen Christen und Muslimen verhinderte weitgehend, dass die Franken den Glauben ihrer Gegner besser kennenlernten. Die unvorbereitete Begegnung der ersten Kreuzfahrer mit dem Orient führte dazu, dass man der Fantasie freien Lauf ließ und abstruse Vorstellungen in Umlauf gerieten.

Ein Beispiel für das verzerrte Bild von den Muslimen im Abendland ist die im 12. Jahrhundert verfasste Chronik des Guibert von Nogent (gest. 1124). Der Geschichtsschreiber nahm selbst nicht am Kreuzzug teil, trotzdem weiß er über den Propheten Mohammed und den Islam einiges zu berichten. Wie er selbst betont, schöpft er für seine Darstellung aus den Anekdoten der Ritter, die aus der Levante heimgekehrt sind, sowie aus der Volksmeinung. Völlig unbekannt ist ihm dabei geblieben, wann der Prophet lebte. Trotz entsprechender Bemühungen hatte der Geschichtsschreiber eigenen Aussagen zufolge keine gelehrten Aufzeichnungen über Mohammed finden können. Guibert behauptet, Mathomus, wie er den Religionsstifter nennt, habe seine Ernennung zum Patriarchen von Alexandria angestrebt. Weil er aber ketzerischen Ideen anhing, wollten die Kirchenoberen diesem Begehren nicht zustimmen. Wie andere Zeitgenossen stellt auch Guibert den Propheten Mohammed als abtrünnigen Christen dar. Christen des Mittelalters erschien es schlicht unmöglich, dass eine neue Glaubensgemeinschaft entstanden war, die für sich selbst den Anspruch erhob, auf der höchsten Stufe göttlicher Offenbarung zu stehen. Schon die Diskussion darüber hätte dazu geführt, die eigene Religion möglicherweise in Frage zu stellen. Der Geschichtsschreiber führt in seinem fantastisch-polemischen Bericht aus, dass Mathomus sehr zornig über seine Zurückweisung gewesen sei. Er habe nun überlegt, wie er der lateinischen Kirche Schaden zufügen könne. Die weiteren Ausführungen über die Bosheiten des Mathomus können wir hier getrost ausklammern und gleich zum grausamen Ende des Abtrünnigen übergehen, das der Chronist mit besonderer Schadenfreude schildert. Den Worten Guiberts zufolge wurde Mathomus immer wieder von epileptischen Anfällen heimgesucht. Bisher waren diese Manifeste göttlichen Zorns immer glimpflich verlaufen, da Anhänger dem Fallsüchtigen zu Hilfe kamen. Eines Tages aber sei Mathomus allein gewesen, als er wieder einmal einen Anfall bekam. Am ganzen Körper zitternd sei der Fallsüchtige zu Boden gesunken. Dieses Mal kam ihm niemand zu Hilfe – bei lebendigem Leibe fraßen ihn die Schweine, schließt Guibert seinen Bericht.

So haarsträubend die Geschichte heute anmutet, unwissenden christlichen Zeitgenossen des 12. Jahrhunderts diente sie zur Erklärung dafür, warum Muslimen der Genuss von Schweinefleisch verboten war. Nicht genug damit, inspirierten solch abstruse Vorstellungen weitere Mohammed-Legenden im Bereich der Volksdichtung, die sich weiter Verbreitung erfreute. Ein ungleich kleineres Publikum nahm die 1143 fertiggestellte Übersetzung des Korans durch Robert von Chester und Hermann von Carinthia zur Kenntnis, die trotz mancher Fehler zuverlässiger ein Bild des Islams und des Propheten Mohammed zeichnete. Auch in gelehrten Werken finden sich zu dieser Zeit bereits ernsthafte Auseinandersetzungen mit der Thematik. Der katalanische Geistliche, Dichter und Philosoph Raimundus Lullus (1232/33–1316) beispielsweise beherrschte die arabische Sprache so gut, dass er in den Predigten auf seinen Missionsreisen nach Nordafrika davon Gebrauch machen konnte. Er konnte den Koran im Original lesen. Wie sein Zeitgenosse Ricoldo von Monte Crucis (um 1243–1320), der einige Jahre in Bagdad gelebt hatte, konnte er auf Grundlage seiner genauen Kenntnis des Islams religiöse Streitschriften verfassen.

christliche Heer wurde vernichtend geschlagen. Der Traum von weiterem Landgewinn in al-Andalus war damit zunächst einmal ausgeträumt. Die Almoraviden aber füllten das Machtvakuum aus, das durch den Zerfall des Omaijadenkalifats von Córdoba entstanden war. Zug um Zug eroberten sie die Taifenreiche, die der geballten militärischen Stoßkraft der Berber nichts entgegenzusetzen hatten, und schwangen sich zu den neuen Herrschern von al-Andalus auf.

War der Kampf um die Wiedergewinnung des verlorenen Landes bis dahin vor allem eine inneriberische Angelegenheit gewesen, so wandelt sich das Bild gegen Ende des 11. Jahrhunderts. In zunehmender Zahl kamen nun Auswärtige aus allen Teilen Europas auf die Iberische Halbinsel – um für deren Befreiung von der Herrschaft der Muslime zu kämpfen. Dieser Zustrom war dem verstärkten Interesse der Päpste geschuldet, die den Glaubenskampf mit großzügigen Ablässen vorantrieben. Deren Engagement beschränkte sich nicht auf die Iberische Halbinsel – Papst Urban II. hatte im November 1095 zum Kreuzzug ins Heilige Land aufgerufen. Seit das Erste Laterankonzil von 1123 bestimmt hatte, dass für diejenigen, die nach Spanien in den Kampf gegen die Muslime zogen, der gleiche Ablass gelten sollte wie für Kreuzfahrten nach Jerusalem, wuchs die Zahl auswärtiger Kombattanten. Manches Mal waren beide Schauplätze sogar auf wundersame Weise verknüpft: So ermöglichte die Waffenhilfe englischer und niederrheinischer Kreuzfahrer auf ihrem Weg in die Levante die Eroberung Lissabons am 24. Oktober 1147. Gleichsam im Vorüberziehen verhalfen diese Pilger in Waffen nur einen Monat später dem kastilischen König Alfons VII. (1126–1157) zur Einnahme der Hafenstadt Almería. Und auch dem Grafen Raimund Berengar IV. von Barcelona (1131–1162) kam die Anwesenheit von Kreuzfahrerkontingenten zugute: Von einer genuesischen Flotte unterstützt, gelang es ihm, 1148 Tortosa zurückzugewinnen. Zudem fassten die zwei größten geistlichen Ritterorden, die in der ersten Hälfte des 12. Jahrhunderts im Heiligen Land entstanden waren, die Templer und die Johanniter, auch auf der Iberischen Halbinsel Fuß. Hinzu traten in der Folgezeit die an diesen Vorbildern orientierten Ritterorden von Calatrava, Alcántara und

Santiago sowie der Orden von Avís in Portugal, die im 13. Jahrhundert maßgeblichen Anteil am Fortgang der Reconquista hatten.

Glaubenswechsel oder Tod – die Almohaden kommen

Der christliche Vormarsch um die Mitte des 12. Jahrhunderts führte erneut zu Umwälzungen im muslimischen Lager. Die Almohaden – Berber wie die Almoraviden, aber noch weitaus rigoroser in der Durchsetzung islamischer Glaubensvorstellungen – setzten von Nordafrika auf die Iberische Halbinsel über und übernahmen Schritt für Schritt die Macht in al-Andalus. Schon im Mai 1146 waren die ersten Heerscharen im Süden Spaniens angelangt, wo sie alsbald die Herrschaft in Sevilla und Córdoba sowie anderen wichtigen Stützpunkten übernahmen. Zwar stießen sie mancherorts auf den erbitterten Widerstand ihrer Glaubensbrüder, doch behielten die neuen Invasoren am Ende die Oberhand. Bis 1172 brachten sie al-Andalus nahezu vollständig unter ihre Kontrolle. Bereits zuvor hatten sie Marokko erobert und die Almoraviden 1147 aus der Hauptstadt Marrakesch vertrieben. Überhaupt betrachteten sie ihre almoravidischen Glaubensgenossen als den größten Feind, gegen die der Dschihad unerbittlich vorangetrieben werden musste. Nach Auffassung der Almohaden führte die allzu lockere Auslegung der koranischen Bestimmungen durch die Almoraviden zu moralischem und sittlichem Verfall. Es ist wenig erstaunlich, dass angesichts der Bedrückung und Verfolgung durch fanatisierte Vertreter der eigenen Religion zahlreiche Muslime die Auswanderung in eines der christlichen Reiche bevorzugten. Die strenge Auslegung religiöser Bestimmungen betraf auch das *dimma*-Recht. Im Gegensatz zu den bisherigen Gepflogenheiten und jahrhundertealten Traditionen im Umgang mit Andersgläubigen erachteten die Almohaden den Schutz von Leib und Leben sowie die religiöse Freiheit, die den »Völkern des Buches« gegen Tributzahlung gewährt worden waren, für null und nichtig. Übertritt zum Islam oder Tod – so lautete die Devise.

Maimonides – ein jüdischer Gelehrter auf der Flucht

Der bedeutende Religionsphilosoph und Gelehrte Moses ben Maimon, genannt Maimonides oder nach den Anfangsbuchstaben seines Namens auch RaMbaM, wurde vor 1140 in Córdoba geboren. Nachdem die strenggläubigen Almohaden die Herrschaft über die Stadt übernommen und alle »Ungläubigen« vor die Wahl gestellt hatten, den Islam anzunehmen oder zu sterben, floh er mit seiner Familie 1148 nach Fez. Obwohl Marokko ebenfalls unter almohadischer Herrschaft stand und die Bedrückung von Juden wie Christen erheblich gewesen sein muss, bewahrten die Flüchtlinge von der Iberischen Halbinsel ihre jüdische Identität. Maimonides verbrachte seine Jugend in Fez, wo er eine gründliche Ausbildung erfuhr. Im Jahre 1165 reiste er von dort ins Heilige Land, das zu dieser Zeit von den Kreuzfahrern beherrscht wurde. Nach kurzem Aufenthalt ließ er sich schließlich in Fustat nahe Kairo nieder. Seit 1170 praktizierte er als Arzt im Umfeld des Sultanshofes und behandelte später auch Saladins Sohn. Die ärztliche Tätigkeit, die Maimonides so lange zugunsten seiner religiösen Studien hatte ruhen lassen, sicherte fortan den Lebensunterhalt der Familie. Zuvor hatte sein Bruder David für ein Auskommen gesorgt, denn aus der Auslegung des Glaubens, so die religiösen Bestimmungen, sollte niemand finanziellen Nutzen ziehen. David war Fernhändler. Der Handel mit den Gütern aus dem fernen Indien war lukrativ, aber auch gefährlich – auf einer seiner Reisen ertrank David nach einem Schiffbruch im Indischen Ozean.

Im Jahre 1174 wurde Maimonides Vorsteher der jüdischen Gemeinde von Kairo. Mit seiner literarischen Tätigkeit setzte er Marksteine der mittelalterlichen Religionsphilosophie. Sein umfangreiches Werk umfasst medizinische und philosophische Traktate ebenso wie Kommentare zu religiösen Bestimmungen. Zu seinen herausragenden Schriften gehört der »Führer der Unschlüssigen«, in den neben biblisch-talmudischem auch aristotelisches Gedankengut eingeflossen ist. Nach seinem Tod in al-Fustat 1204 wurde Maimonides in Tiberias am See Genezareth beigesetzt.

Das traf vor allem die Juden, die im islamischen Herrschaftsbereich weit zahlreicher waren als die Christen. In Massen verließen sie ihre angestammte Heimat. Einige siedelten sich in einem der benachbarten christlichen Königreiche an, andere gingen nach Nordafrika und von dort weiter in die Gebiete der islamischen Welt, in denen das *dimma*-Recht auch weiterhin uneingeschränkt galt. Der wohl bedeutendste jüdische Flüchtling war der große Gelehrte Moses Ben Maimon (gest. 1204), genannt Maimonides.

Die christlichen Könige unterschätzten keineswegs die Gefahr, die von den Almohaden ausging. Solange die Berber sich im Krieg mit ihren Glaubensgenossen zerfleischten, nutzten sie die Gunst der Stunde. So gelang es 1164, Évora im heutigen Portugal einzunehmen. Die Almohaden hielten ihrerseits nach Kräften dagegen. Am 9. Juli 1195 errangen sie in der Schlacht bei Alarcos einen glänzenden Sieg über das Herr König Alfons' VIII. von Kastilien (1158–1214). Diese Niederlage traf die Christen bis ins Mark. Den untereinander zerstrittenen Reichen von Portugal, Kastilien, Navarra und Aragón gelang es, ihre Kräfte angesichts der gemeinsamen Bedrohung zu vereinen. Es war erst wenige Jahre her, dass die Christen weite Teile des Heiligen Landes nach der verhängnisvollen Schlacht bei den Hörnern von Hittin in Galiläa 1187 an Sultan Saladin verloren hatten. Selbst Jerusalem hatten die Muslime zurückerobert. Es durfte nicht sein, dass die Christenheit auch auf der Iberischen Halbinsel in Bedrängnis geriet.

Der Anfang vom Ende

Papst Innozenz III. tat alles in seiner Macht Stehende, der europäischen Ritterschaft eine Beteiligung am Kampf gegen die Almohaden auf der Iberischen Halbinsel schmackhaft zu machen. Der Erfolg der päpstlichen Propaganda ließ nicht lange auf sich warten: Die Heere der iberischen Könige wurden durch starke Kontingente auswärtiger, insbesondere französischer Kreuzfahrer verstärkt. Nun war der geistliche Segen das Eine, der materielle Gewinn aber etwas Anderes: Als das Verbot erging, eroberte Festungen zu plündern, traten viele der fremden Ritter enttäuscht den Heimweg an. Das Ritterleben war teuer, und so kamen die Kämpfer nicht auf ihre Kosten. Doch reichte die verbliebene Kampfesstärke aus, am 16. Juli 1212 das almohadische Heer unter Führung des Mohammed an-Nasir bei Las Navas de Tolosa vernichtend zu schlagen. Das war der endgültige Wendepunkt: Nach dieser Niederlage gelang es den Muslimen nie mehr, ihre christlichen Widersacher ernsthaft in Bedrängnis zu bringen. Gerade in diesem Moment aber endete die so wichtige Unterstützung durch den Heiligen Stuhl. War Innozenz III. einige Monate zuvor noch daran gelegen, dass nicht auch der iberische Kreuzzugsschauplatz den Christen entglitt, vollzog der Papst nun eine Kehrtwende: Im Jahre 1213 hob er den generösen Ablass kurzerhand auf, der den christlichen Streitern auf der Iberischen Halbinsel zuvor gewährt worden war. Er wollte die Aufmerksamkeit der Christenheit nun, nachdem das Schlimmste überstanden schien, wieder auf das eigentliche Ziel der Kreuzzugsbewegung konzentrieren – die Befreiung Jerusalems. Dadurch geriet die Reconquista einstweilen ins Stocken.

Zwei Jahrzehnte nach dem Triumph von Las Navas de Tolosa erhielt sie neuen Schwung. Nun war der Damm endgültig gebrochen. Im Jahre 1238 eroberte der kastilische König Ferdinand III. (1217–1252) Córdoba. Zur gleichen Zeit setzte Jakob I. von Aragón (1213–1276) mit dem bezeichnenden Beinamen »der Eroberer« der muslimischen Herrschaft von Valencia ein Ende, nachdem er bereits zehn Jahre zuvor Mallorca wieder unter christliche Kontrolle gebracht hatte. Sevilla fiel 1248 in christliche Hand; die geistlichen Ritterorden hatten erheblichen Anteil an der Eroberung der Stadt. Noch im selben Jahr stießen die Portugiesen bis zur Algarve vor. Die muslimische Herrschaft schmolz zusammen auf das Königreich Granada, das von den Nasriden regiert wurde. Noch zweieinhalb Jahrhunderte konnte sich diese letzte muslimische Bastion auf der Iberischen Halbinsel durch geschicktes Taktieren zwischen den Mächten halten. Das Schicksal Granadas wurde besiegelt, nachdem die Königreiche Kastilien und Aragón durch die Eheschließung zwischen den Katholischen Königen Ferdinand (1479–1516) und Isabella (1474–1504) vereinigt worden waren. Dass das letzte muslimische Reich im Süden Spaniens nun verstärkt ins Blickfeld der Reconquista rückte, ist nicht zuletzt dem Umstand geschuldet, dass die Osmanen als neue Bedrohung in Erscheinung traten. Sie hatten 1453 das altehrwürdige Konstantinopel überrannt. Die Hagia Sophia, das bedeutendste Gotteshaus der östlichen Christenheit, war nun eine Moschee. Doch damit war der Expansionshunger noch lange nicht gestoppt. Und so richteten sich die Augen Europas auch wieder auf die Muslime im Westen. Zehn Jahre währte der Krieg gegen Granada, bis der Nasriden-Emir Boabdil am 2. Januar 1492 die Waffen streckte.

Mit dem Fall Granadas endete die nahezu achthundertjährige muslimische Herrschaft auf der Iberischen Halbinsel. Die Sieger gaben sich zunächst großmütig: Den Besiegten wurde das Recht auf freien Abzug mit all ihrem beweglichen Besitz gewährt. Wer in der angestammten Heimat bleiben wollte, sollte seine Religion weiterhin frei ausüben dürfen. Doch schon bald wendete sich das Blatt: Die anfängliche religiöse Toleranz mündete schon wenige Monate später in ein rigoroses Vorgehen gegen alle, die nicht dem christlichen Glauben anhingen. Erste Opfer der neuen dogmatischen Richtung waren die spanischen Juden.

»Limpieza de sangre« – »Reinheit des Blutes«

Seit der Papst die Einrichtung der Inquisition genehmigt hatte, die 1482 unter königlicher Kontrolle ihre Arbeit aufgenommen hatte, blies den Juden und den unter wachsendem Druck zum Christentum übergetretenen *conversos* kalter Wind ins Gesicht. Als Granada fiel, hatten die Inquisitoren ihre Machtstellung bereits erheblich ausgebaut. Angst prägte den Alltag der »neuen Christen«, der *conversos.* Diejenigen, die öffentlich am alten Glauben festhielten, sollten nun zur Annahme des Christentums gezwungen werden. Am 31. März 1492 wurde das sogenannte Alhambra-Dekret verkündet: Alle Juden, die sich nicht taufen lassen wollten, sollten Spanien verlassen. Die meisten warteten die gesetzte Frist nicht ab und kehrten dem Land, das seit Jahrhunderten ihre Heimat gewesen war, den Rücken. Wie viele Juden die Iberische Halbinsel verließen, ist ungewiss. Es kursieren unterschiedliche

Zahlen. Hatte die Mehrheit der spanischen Juden – ob nun zum Schein oder tatsächlich – dem wachsenden gesellschaftlichen Druck nachgegeben und bis 1492 den christlichen Glauben angenommen? Daraus würde sich eine verhältnismäßig niedrige Zahl an Flüchtlingen ergeben. Von dreißig- bis siebzigtausend ist die Rede – etwa 1,6 Prozent der für das Ende des 15. Jahrhunderts geschätzten Gesamtbevölkerung Spaniens. Oder gab es einen Massenexodus mit bis zu 800 000 Flüchtlingen? Besser bekannt als die Flüchtlingszahlen sind die Fluchtwege. Ein Teil der Juden hoffte im benachbarten Portugal Zuflucht zu finden. Doch wenige Jahre später wurden auch die portugiesischen Juden ins Exil gezwungen. Ihre Flucht setzte sich in die Niederlande, nach Italien und ins Osmanische Reich fort. Auch in Hamburg fassten Juden von der Iberischen Halbinsel – Sepharden – Fuß. Der Großteil der jüdischen Migranten folgte von Beginn an seinen ehemaligen muslimischen Nachbarn in den islamischen Herrschaftsbereich, vor allem ins nahegelegene Nordafrika. Mit Abschluss der Reconquista und der Vertreibung der religiösen und ethnischen Minderheiten bestimmte zusehends die Vorstellung von der *limpieza de sangre,* der »Reinheit des Blutes«, das Denken der iberischen Gesellschaft. Damit tauchte erstmals die Idee der Rasse, bestimmt durch das Blut, in der abendländischen Geisteswelt auf. Diese bestimmte die fanatische Verfolgung all derer, die im Verdacht standen, trotz ihres Übertritts zum Christentum weiterhin insgeheim jüdische Bräuche zu pflegen und am alten Glauben festzuhalten. Am Ende traf es auch die *Moriscos,* Nachfahren jener muslimischen Bewohner Spaniens, die trotz der Zusicherungen nach der Kapitulation Granadas zwangsgetauft worden waren. Zu Beginn des 17. Jahrhunderts wurden auch sie per königlichem Dekret ausgewiesen. Zwischen 1609 und 1614 erlebte die Iberische Halbinsel innerhalb eines knappen Jahrhunderts die zweite große Flüchtlingswelle. Nahezu 300 000 *Moriscos* wurden gezwungen, ihre alte Heimat für immer zu verlassen.

Doch schon 1492 hatte sich der Kreis zu den Ereignissen jenes schicksalhaften Frühjahrs 711 geschlossen. Kurz nachdem die letzte muslimische Bastion auf der Iberischen Halbinsel unter dem Druck der christlichen Heere zusammengebrochen war und die Muslime nach Nordafrika flohen, wurden die Spanier Tausende von Kilometern entfernt ihrerseits zu Invasoren. Am 3. August 1492 stachen die Schiffe unter dem Oberbefehl des Christoph Columbus in See, um auf der Westroute den Seeweg nach Indien zu finden. Weil der Hafen von Cádiz mit jüdischen Flüchtlingen überfüllt war, setzte die Expedition in Palos Segel. Zwei Monate später, am 11. Oktober 1492, betrat der Entdecker den Boden der neuen Welt.

711 und die Folgen – eine hitzige Diskussion

Die Ereignisse von 711 und ihre Folgen für Europa im Allgemeinen und die Iberische Halbinsel im Besonderen haben im Zuge der jüngeren Entwicklungen in der islamischen Welt an Aktualität gewonnen. In ihrer Bewertung des arabisch-muslimischen Beitrags für die europäische Entwicklung stehen sich zwei Lager unversöhnlich gegenüber. Während die einen in den Diskussionen über Fragen der Einwanderungs- und Integrationspolitik, des weltweiten Terrorismus und des Fundamentalismus oder der Zugehörigkeit der Türkei zu Europa stets auf das vermeintlich vorbildliche Zusammenleben der Religionsgemeinschaften auf der mittelalterlichen Iberischen Halbinsel und kulturelle Errungenschaften verweisen, lehnen die anderen eine bedeutende Rolle der Muslime für jedweden Fortschritt im Abendland schlichtweg ab. Verklärende Klischees werden den realen Gegebenheiten aber ebenso wenig gerecht wie tagespolitisch gesteuerte Polemik. So legte ein französischer Historiker kürzlich in einem seiner Werke dar, dass der eigentliche Hort des Wissens im mittelalterlichen Abendland das Kloster Mont-Saint-Michel in der Normandie gewesen sei und nicht etwa die Iberische Halbinsel. Mit Blick auf die arabischstämmigen Zuwanderer aus Nordafrika, die in den tristen Betonsilos französischer Großstädte vor sich hin vegetieren, scheint es in den Augen mancher Zeitgenossen nicht vorstellbar, dass deren Vorväter Licht in die dunkle Schreibstube getragen haben sollen. So kann eben nicht sein, was nicht sein darf. Doch alle Diskussionen, in denen Gegenwart und Vergangenheit miteinander vermischt werden, müssen im Grunde fruchtlos bleiben. Sie werden dem Zeitgeist von 711 und der folgenden Jahrhunderte weder auf der einen noch auf der anderen Seite gerecht. So eignet sich, um nur ein weiteres Beispiel anzuführen, die Lebenssituation von Christen, Juden und Muslimen in den mittelalterlichen Städten der Iberischen Halbinsel mit Blick auf die historischen Fakten nicht als Vorbild für gegenwärtige Integrationsmodelle.

Der jeweils herrschenden Glaubensgemeinschaft ging es nicht um Integration. Idealziel war vielmehr, dass sich alle der dominierenden Religion anschlossen. Wer dies nicht tat, war ein Mensch mit minderen Rechten, kein vollwertiges Mitglied der Gesellschaft. Dies galt für Christen und Juden unter muslimischer ebenso wie für Juden und Muslime unter christlicher Herrschaft. Die Vielzahl der gesetzlichen Sonderbestimmungen belegt dies ebenso wie die Tatsache, dass es immerwährende Rechtssicherheit vor Übergriffen nicht gab. Wenngleich Juden und Christen unter islamischer Herrschaft weniger häufig bedrängt wurden als Juden und Muslime unter christlicher, so kam es doch auch hier zu Auswüchsen – auf der Iberischen Halbinsel insbesondere während der Herrschaft der glaubensstrengen Almohaden, die nicht vor Übergriffen auf Glaubensgenossen zurückschreckten, die nach ihrer Auffassung zuwenig Frömmigkeit an den Tag legten. Die vollständige Teilhabe am gesellschaftlichen Leben setzte also den Übertritt zum anderen Glauben zwingend voraus. Die große Zahl der Konversionen zum Islam gerade zu der Zeit, als die Muslime auf der Iberischen Halbinsel in vollem Umfang Fuß gefasst hatten, der Verwaltungsapparat funktionierte und das gesellschaftliche Leben viele Annehmlichkeiten bieten konnte, spricht für den Erfolg dieser Strategie. Zugleich waren die Hierarchien durch die Religionszugehörigkeit eindeutig festgelegt: Ein »Ungläubiger«, und sei er noch so vermögend, gebildet oder einflussreich, sollte niemals über einem Muslim stehen. Auch hier bestätigen Ausnahmen die Regel.

Wie aber verhält es sich mit der wissenschaftlichen Rezeption der Ereignisse von 711 und ihren Folgen? Fragen nach Formen,

Strukturen und gegenseitiger Beeinflussung der verschiedenen Glaubensgemeinschaften auf der Iberischen Halbinsel spielen in der öffentlichen Diskussion von jeher eine zentrale Rolle. Diese wurde in Spanien selbst lange Zeit von einer national geprägten Geschichtswissenschaft bestimmt und hat maßgeblich dazu beigetragen, die Diskussionsfelder abzustecken. »Verschiedenheit« und »Einheit« sind dabei die Schlüsselbegriffe. Diese wur-den vor allem von Ramón Menéndez Pidal (1869–1968), Americo Castro (1885–1971) und Claudio Sánchez Albornoz (1893–1984) in der ersten Hälfte des 20. Jahrhunderts geprägt. Die jeweils vorgegebenen Richtungen prägten künftige Historikergenerationen. In ihrer Bewertung dessen, was die Einheit Spaniens ausmacht, unterscheiden sich die Auffassungen dieser drei Historiker grundlegend. Für Menéndez Pidal war die frühe Übernahme des Kastilischen als offizielle Sprache der entscheidende Faktor nationaler Einheit. Im Gegensatz dazu betonte Americo Castro, der vor der Franco-Diktatur ins amerikanische Exil geflüchtet war, die Unterschiede der Kulturen und die Verschmelzung christlicher, jüdischer und muslimischer Einflüsse als den eigentlichen Prozess, der am Ende zu einer spanischen Einheit geführt habe. Claudio Sánchez Albornoz, der ebenfalls ins Exil gegangen war und im argentinischen Buenos Aires lebte, wurde im Gegensatz dazu nie müde zu unterstreichen, dass der Beitrag von Arabern und Berbern von weit geringerer Bedeutung für die Entwicklung der Iberischen Halbinsel gewesen sei als jener der Römer und des christlichen Europas. Er weigerte sich kategorisch, das durch die Vertreibung der Juden, den Fall Granadas und die Entdeckung der Neuen Welt vielfach als Einschnitt verstandene Jahr 1492 als Beginn eines unaufhaltbaren Abstiegs anzusehen.

Nicht unberührt von diesen grundlegenden Diskussionen werden neuerdings vor allem die Unterschiede unterstrichen. Die Frage nach den Mechanismen, die zu »nationaler« Einheit geführt haben, sind dabei weniger relevant, als der vergleichende Blick auf die Details. Es ist inzwischen deutlich, dass nur durch die Betrachtung örtlicher und regionaler Entwicklungen ein halbwegs verlässliches Bild der Verhältnisse entstehen kann. Diese Tendenz manifestiert sich seit Mitte der 1980er Jahre in einer steigenden

Zahl von Veröffentlichungen, die aus lokaler Perspektive das wechselvolle Zusammenleben von Christen, Muslimen und Juden beleuchten. War dieses Feld anfangs vor allem von spanischen und portugiesischen Historikern besetzt, so wurde es als lohnendes Forschungsgebiet schon bald auch von französischen und britischen Wissenschaftlern entdeckt. Seit einiger Zeit wächst auch in der deutschen Geschichtswissenschaft das Interesse an der Geschichte der Iberischen Halbinsel. Zu Forschungszentren auf diesem Gebiet haben sich die Universitäten von Nürnberg-Erlangen und Bochum entwickelt.

Was wäre geschehen ...

Jenseits alles Faktischen und historisch Belegbaren reizt es angesichts der Tragweite der Ereignisse von 711, über zwei Fragen nachzudenken: Erstens, was wäre geschehen, wenn Tariq ibn Ziyad und seine Krieger nicht bei Gibraltar gelandet wären? Und zweitens, welche Auswirkungen hätte es gehabt, wenn die Reconquista gescheitert wäre und die Muslime sich auf der Iberischen Halbinsel behauptet hätten?

... wenn es auf der Iberischen Halbinsel keinen Islam gegeben hätte? – Szenario I

Bei dem Gedankenspiel »was wäre wenn« lässt sich auf der Basis historischer Fakten und Entwicklungen zwischen mehr oder weniger sicheren Antworten und Spekulationen unterscheiden. Zunächst einmal müsste sich jeder Besucher der Iberischen Halbinsel die Städte Andalusiens und die wunderbare Landschaft um viele herausragende Bauwerke ärmer vorstellen. Ohne die arabischen Baumeister gäbe es keine Alhambra in Granada, und die Kathedrale von Córdoba wäre ein Gotteshaus wie zahlreiche andere in Europa. Fehlen würden die Überreste der maurischen Festungen, die vielerorts das Gesicht des städtischen Umlandes und der malerischen Dörfer prägen. Es gäbe auch keine kunstvollen Arabesken oder Stilelemente orientalischer Baukunst, ebenso wenig die orientalischen Bäder, die im Zeitalter der Wellness wiederentdeckt werden. Und ohne die erbitterten Schlachten gegen die Muslime – ob nun bei Arcos de la Frontera, Las Navas de Tolosa oder Covadonga – wäre Spanien um einige Stätten nationaler Erinnerung ärmer. Die Spanier hätten wohl auch keinen Flamenco. Immerhin merkt man diesem Tanz, der wie kein zweiter für die Iberische Halbinsel steht, den Einfluss der orientalischen Musik deutlich an.

Vermutlich fehlte auch auf der Speisekarte manches, nicht jedoch die Orangen. Ihre kulinarische Wanderung verlief andersherum: Die Früchte wurden auf der Iberischen Habinsel nämlich erst eingeführt, nachdem die Araber das Land wieder verlassen hatten. Die begehrten Zitrusfrüchte gelangten, wie ihr botanischer Name *Citrus sinis* verrät, aus China nach Portugal. Von dort kamen sie in die arabische Welt. Ihre Reise lässt ihr arabischer Name »Burtuqal« bis heute erkennen, der nichts Anderes bedeutet als »Portugal«. Indirekt haben die Araber aber auch hiermit zu tun: Wer weiß, wie sich die Landwirtschaft ohne die ausgeklügelten Bewässerungssysteme aus dem Orient entwickelt hätte? Was wäre auf dem zum Teil kargen Land gewachsen? Zumindest diese Gegebenheiten lassen sich auf Grundlage von Fakten mit einiger Sicherheit als Antwort auf die Frage feststellen, was passiert wäre, hätten die Berber und Araber die Iberische Halbinsel nicht erobert.

Über anderes lässt sich hingegen nur spekulieren. Nehmen wir zunächst die Nachbarn der Iberischen Halbinsel in den Blick, die Franken. Der Merowingerkönig Chlodwig betrieb eine aggressive Expansionspolitik, der schon zu Beginn des 6. Jahrhunderts das tolosanische Westgotenreich zum Opfer gefallen war. Es wäre wohl nur eine Frage der Zeit gewesen, bis die Franken versucht hätten, das Land westlich der Pyrenäen ihrem Reich einzuverleiben. Immerhin unternahm Karl der Große – wenn auch unter anderen Rahmenbedingungen – im Jahre 778 einen Feldzug auf die Iberische Halbinsel. Verlief dieses Unternehmen auch anders als geplant, eroberte der Frankenherrscher 801 Barcelona und richtete jenseits der Pyrenäen die Spanische Mark mit einer Reihe von Grafschaften als Pufferzone zwischen der islamischen Welt und dem fränkischen Großreich ein. Die bedeutendste dieser Grafschaften, jene von Barcelona, wurde in der Folgezeit ein wichtiger Ausgangspunkt für den weiteren Verlauf der Reconquista in Katalonien. Die langjährigen Kriege gegen die Sachsen, die am Ende von den Franken unterworfen wurden, sprechen für die Entschlossenheit Karls, sein Reich zu vergrößern. Auch die Langobarden fielen der karolingischen Expansion 774 zum Opfer. Früher oder später wären wohl auch die Westgoten unter fränkischem Druck zusammengebrochen. In der Konsequenz hätten sich Kirchenstrukturen und religiöser Ritus anders entwickelt als bei den arabisierten Christen, den Mozarabern, besonders in Toledo unter muslimischer Herrschaft. Mit Blick auf den tatsächlichen Gang der Ereignisse wird deutlich, welch maßgeblichen Anteil die französische Geistlichkeit – spätestens seit der Rückeroberung Toledos am Ende des 11. Jahrhunderts – an der Umgestaltung des kirchlichen Lebens hatte. Wäre das westgotische Reich tatsächlich auf die eine oder andere Weise im fränkischen Reich aufgegangen, mag auch darüber spekuliert werden, ob die katalanische Sprache je Bedeutung gewonnen hätte oder vom Französischen verdrängt worden wäre. Für den Fall, dass sich ein eigenständiges Westgotenreich dauerhaft behauptet hätte, ist angesichts der strikten antijüdischen Gesetzgebung davon auszugehen, dass es irgendwann keine oder zumindest keine nennenswerte jüdische Gemeinschaft mehr auf der Iberischen Halbinsel gegeben hätte.

Ohne die Jahrhunderte währende arabisch-berberische Herrschaft über weite Teile der Iberischen Halbinsel wäre der Transfer orientalischen Wissens in das christliche Abendland entweder anders verlaufen oder hätte mit einiger Verzögerung eingesetzt. Beide Möglichkeiten bedeuten in der Konsequenz, dass sich die Wissenschaften im mittelalterlichen Abendland anders entwickelt hätten. Immerhin gelangten Werke wie die medizinischen Schriften des Ibn Sina (Avicenna, um 980–1037), der bedeutende chirurgische Traktat des az-Zahrawi (Abulkasis, 936–1013) oder die philosophischen Aristoteles-Kommentare des Ibn Rushd (Averroës, 1126–1198) in Übersetzungen von der Iberischen Halbinsel ins christliche Abendland. Gewiss, die Übertragung wissenschaftlicher Schriften aus dem Arabischen ins Lateinische nahm ihren Anfang in Süditalien: Constantinus Africanus (um 1020–1087), der aus seiner nordafrikanischen Heimat fliehen musste und um 1075 an die Medizinschule von Salerno gelangte, übersetzte kurz vor dem Beginn der Kreuzzüge in den Vorderen Orient viele wichtige Schriften. Doch musste er diese auf mehreren Reisen durch die islamische Welt erst einmal mühsam zusammentragen. Trotz der bahnbrechenden Leistung fehlten ihm so grundlegende Bücher wie der »Qanun« des Ibn Sina. Dieser wurde erst um die Mitte des 12. Jahrhunderts durch Gerhard von Cremona (1114–1187) in Toledo übersetzt. Toledo und andere Städte der Iberischen Halbinsel besaßen riesige Bibliotheken. Die Werke mussten also nicht erst zusammengetragen werden, sondern waren vor Ort. Aus den bis heute erhaltenen mittelalterlichen Handschriften wissenschaftlicher Texte in Übersetzung können wir schließen, dass der Löwenanteil auf der Iberischen Halbinsel entstanden ist. Aus Italien wie auch aus den Kreuzfahrerstaaten flossen im Vergleich dazu bestenfalls dünne Rinnsaale. Das liegt nicht zuletzt an den institutionellen Strukturen wie den Rahmenbedingungen in den von den Christen zurückeroberten spanischen Städten. Durch das jahrhundertelange Nebeneinander waren die einheimischen Christen und Juden von der arabischen Kultur geprägt – das Arabische war nicht nur für Muslime Alltagssprache. Der Personenkreis, der für Übersetzungen infrage kam, war damit größer als anderswo an den Schnittpunkten zwischen Orient und Okzident. Der Blick auf die fassbaren Auswirkungen dieser Akkulturation führt abschließend zu unserer zweiten Frage: Was wäre geschehen, wenn die Reconquista gescheitert wäre und sich auf der Iberischen Halbinsel dauerhaft eine muslimische Herrschaft etabliert hätte?

… wenn die Reconquista gescheitert wäre? – Szenario II

Seit seiner Gründung war das Emirat von Córdoba einen Sonderweg innerhalb der islamischen Welt gegangen. Die geografische Lage unterstrich diese Eigenständigkeit ebenso wie die Ausrufung des Kalifats. Doch dynastische Herrschaften bestehen, das zeigt die Geschichte, nie ewig. Früher oder später treten Verfallserscheinungen auf, weil es keinen Nachfolger gibt oder weil der neue Herrscher aus dem einen oder anderen Grund schwach ist. In der Folge übernimmt nach mehr oder weniger harten Kämpfen entweder eine andere Familie die Macht oder das Reich zersplittert, wie in diesem Fall geschehen. Irgendwann erweist sich ein Kleinherrscher dann als stärker als seine Nachbarn, und neue, größere Reiche entstehen. Beides ist auch für die Iberische Halbinsel denkbar. Weitgehend losgelöst vom Rest der islamischen Welt hätte dieses islamische Reich aller Wahrscheinlichkeit nach teilgehabt an den Geburtswehen frühneuzeitlicher Staatenbildung mit einhergehenden Kriegen. Eingebunden in das Konzert der übrigen europäischen Mächte, wäre eine zunehmende Verweltlichung die Folge gewesen. Die Glaubenskriege des 16. und 17. Jahrhunderts, als die Einheit der katholischen Kirche durch die Entstehung des Protestantismus zerbrochen war, wären nicht spurlos an Spanien vorbeigegangen. Vermutlich hätten sich zahlreiche Protestanten in Zeiten der Bedrückung einstweilen in den Schutz der benachbarten islamischen Herrschaft begeben. Immerhin bot das islamische Recht ihnen die Garantie, ihren Glauben ungehindert praktizieren zu können. Die Anwesenheit von Protestanten im Land hätte sich in der längerfristigen Entwicklung zweifelsohne auf die gesellschaftlichen Strukturen ausgewirkt. Schließlich wäre ein islamischer Staat im Südwesten Europas wohl zur Normalität geworden. Je nach Intensität des Austauschs mit benachbarten Herrschaften hätten sich weltlich orientierte Muslime dort angesiedelt. Der Islam hätte unzweifelhaft zu Europa gehört.

Auch ein gegenteiliges Szenario wäre denkbar, in dem die Muslime der Iberischen Halbinsel sich dem Rest der islamischen Welt wieder angenähert hätten. Möglicherweise wäre früher oder später der Expansionsdrang wieder erwacht und in Kriege mit den christlichen Nachbarn gemündet. In diesem Fall hätte das christliche Europa einen Zweifrontenkrieg – mit der Iberischen Halbinsel auf der einen und dem Osmanischen Reich auf der anderen Seite – zu befürchten gehabt. Gemäß ihrem Auftrag, den Islam zu verbreiten, wären irgendwann gar die Muslime aufgebrochen, um hinter dem gewaltigen Ozean anstelle von Columbus Amerika zu entdecken.

Anhang

Zeittafel

507	Chlodwig schlägt die Westgoten in der Schlacht bei Vouillé. In der Folge verlegen diese ihre Hauptstadt von Toulouse nach Toledo.
um 5700	Geburt Mohammeds in Mekka.
610	Mohammed empfängt die ersten Offenbarungen
622	Mohammed siedelt mit einem Teil seiner Anhängerschaft nach Medina über. Mit der sogenannten *Hedschra* beginnt die islamische Zeitrechnung.
632	Tod Mohammeds in Medina. Die Mehrheit seiner Anhängerschaft bestimmt Abu Bakr zum Nachfolger des Propheten (Kalif).
636	In der Schlacht am Yarmuk-Fluss bezwingen die Muslime das Heer des byzantinischen Kaisers Herakleios. Die Byzantiner weichen nach Norden zurück. Syrien und Palästina werden in der Folgezeit von den Anhängern Mohammeds erobert.
636 (637)	Die Araber besiegen das Heer des letzten sassanidischen Großkönigs Yazdegerd III. in der Schlacht bei Qadassiya. Die Hauptstadt Ktesiphon wird erobert. Yazdegerd flieht nach Osten in den heutigen Iran.
638	Jerusalem fällt in muslimische Hände.
640–42	Eroberung Ägyptens unter Führung des Amr ibn al-As.
641	Tod des byzantinisches Kaisers Herakleios III.
642	Bei Nehawend besiegen die Muslime das letzte Aufgebot der Sassaniden. Das sassanidische Reich bricht zusammen. In der Folgezeit erobern die Muslime Provinz um Provinz.
651	Ermordung Yazdegerds III. in Merv.
ab 650	Muslimische Eroberungszüge in Nordafrika.
655	»Schlacht der Masten« bei Phoinix.

661	Ali, der Schwiegersohn Mohammeds, wird in Kufa ermordet. Spaltung der muslimischen Glaubensgemeinschaft in Sunniten und Schiiten.
661	Kalif Mu'awija begründet die Dynastie der Omaijaden mit der Hauptstadt Damaskus.
711	Tariq ibn Ziyad setzt mit einem Heer aus Berbern und Arabern nach Gibraltar über. Nach dem Sieg der Muslime in der Schlacht am Guadalete geht das Westgotenreich unter.
722	Schlacht von Covadonga. Der Sieg einer christlichen Streitmacht über die Muslime gilt als Beginn der Reconquista. Seit dem 19. Jahrhundert entwickelte sich Covadonga zum nationalen Erinnerungsort.
732	Der Hausmeier Karl Martell stoppt das weitere Vordringen der Muslime nach Westen durch den Sieg in der Schlacht bei Tours und Poitiers.
750	Die Abbasiden stürzen die Omaijadendynastie in Damaskus und richten ein Blutbad unter den Angehörigen der Familie an. Einzig Abd ar-Rahman entkommt der Mordaktion und flieht auf die Iberische Halbinsel.
756	Abd ar-Rahman begründet das omaijadische Emirat von Córdoba.
762	Bagdad wird die neue Residenz der Abbasidenkalifen.
778	Ein Teil des karolingisches Heeres gerät bei Roncesvalles in einen Hinterhalt. Das Ereignis liefert den Stoff des berühmten »Rolandsliedes«.
786–806	Herrschaft des Abbasidenkalifen Harun ar-Raschid.
795	Einrichtung der Spanischen Mark.
800	Kaiserkrönung Karls des Großen in Rom.
um 850	»Märtyrer von Córdoba«.
909/10	Gründung des Klosters Cluny in Burgund.
929	Abd ar-Rahman III. ruft das Kalifat von Córdoba aus.

969	Beginn der fatimidischen Herrschaft über Ägypten.
um 1000	Türkische Seldschuken dringen nach Kleinasien vor.
1002	Tod des al-Mansur.
1009	Zerstörung der Jerusalmer Grabeskirche durch den Kalifen al-Hakim.
1031	Zusammenbruch der Omaijadenherrschaft auf der Iberischen Halbinsel.
1085	König Alfons VI. von Kastilien erobert Toledo von den Arabern zurück.
1086–1147	Die Almoraviden herrschen über al-Andalus.
1095	Papst Urban II. ruft zum ersten Kreuzzug in das Heilige Land auf.
1141	Petrus Venerabilis, Abt des Klosters Cluny, lässt in Toledo eine Übersetzung des Koran anfertigen.
1146	Die Almohaden auf der Iberischen Halbinsel.
1212	Christlicher Sieg über die Almohaden bei Las Navas de Tolosa.
1492	Mit der Eroberung Granadas endet die Reconquista. Die Juden werden aus Spanien vertrieben. Christoph Columbus »entdeckt« die Neue Welt.

Die Kalifen

Mohammed starb im Jahre 632, ohne Regelungen für seine Nachfolge getroffen zu haben. Da der Prophet keine Söhne hatte, einigten sich seine Anhänger nach langen Verhandlungen darauf, Abu Bakr (573–634), den Schwiegervater Mohammeds, zum Kalifen zu wählen. Die Bezeichnung Kalif ist abgeleitet vom arabischen Wort *halifa* und bedeutet »Nachfolger«. Als »Nachfolger des Gesandten Gottes« ist der Kalif das geistliche und politische Oberhaupt der islamischen Glaubensgemeinschaft (arab. *umma*). Die ersten vier Kalifen entstammten alle dem familiären Umfeld des Propheten und wurden durch einvernehmliche Wahl erhoben. Sie werden auch als die »rechtgeleiteten Kalifen« bezeichnet.

Mit der Ermordung des vierten Kalifen, Ali Ibn Abi Talib, im Jahre 661 endete die Zeit der Wahlkalifen. Mu'awija, der Statthalter von Syrien, hatte die Wahl Alis nicht anerkannt und wurde nach dessen Tod von seinen Anhängern zum fünften Kalifen erhoben. Er begründete die Dynastie der Omaijaden, die bis 750 von Damaskus aus die islamische Welt beherrschten. Durch den Konflikt zwischen den Anhängern Mu´awijas und denen Alis spaltete sich die islamische Gemeinschaft in zwei Lager. Während die Mehrheit, die Sunniten, die Omaijaden als rechtmäßige Nachfolger betrachteten, folgten die Schiiten künftig eigenen Imam-Kalifen. Bedingt durch die politischen und religiösen Entwicklungen in der islamischen Welt traten neben den Schiiten weitere Gruppierungen auf, die das einzig rechtmäßige Kalifat für sich beanspruchten. So in der ersten Hälfte des 10. Jahrhunderts die Fatimiden in Ägypten oder der iberische Zweig der Omaijaden in Córdoba.

Die vier »rechtgeleiteten Kalifen«

Abu Bakr (573–634)

Der erste Kalif, Abu Bakr, zählt zu den frühesten Anhängern des Propheten. Er war der Vater von Aischa, der dritten und jüngsten unter den neun Frauen Mohammeds. Der islamischen Überlieferung zufolge fand die Hochzeit noch vor Mohammeds Übersiedlung von Mekka nach Medina im Jahre 622 statt, auf der ihn sein Schwiegervater Abu Bakr begleitete. Als dieser 632 zum ersten Kalifen gewählt wurde, war der Islam auf der Arabischen Halbinsel noch keineswegs gefestigt. Die wenigen Jahre, die der treue Gefährte Mohammeds der islamischen Gemeinschaft vorstand, waren überschattet von der Auseinandersetzung mit abtrünnigen arabischen Stämmen. Das Ende von Abu Bakrs Kalifat ist gekennzeichnet durch das erste Ausgreifen der Muslime über die Arabische Halbinsel hinaus bis nach Palästina und Mesopotamien. Im Jahre 634 starb der erste Kalif in Medina. Dort fand er seine letzte Ruhe an der Seite Mohammeds in der sogenannten Prophetenmoschee.

Omar (Umar) ibn al-Chattab (592–644)

Omar, der zweite Kalif, entstammte der einflussreichen Sippe der Quraisch in Mekka. Bevor er sich zum Islam bekehrte, gehörte er in der Heimatstadt des Propheten zu dessen erbittertsten Gegnern und bekämpfte dessen Lehren. Unter seinem Kalifat trat die Expansion des Islam in ihre erste entscheidende Phase. Zu Beginn des Jahres 638 fiel Jerusalem in die Hände der Muslime, bis 642 wurde Ägypten unterworfen und das persische Sassanidenreich erobert. Omar ibn al-Chattab leitete wichtige Schritte für die Verwaltung des islamischen Großreiches ein und verfügte angeblich Grundlegendes zum Umgang der Muslime mit Juden und Christen in ihrem Herrschaftsgebiet. Auch veranlasste er die Einführung der islamischen Zeitrechnung, beginnend mit dem Jahr von Mohammeds Übersiedlung nach Medina 622. Omar wurde 644 in Mekka von einem Sklaven ermordet.

Uthman (Osman) ibn Affan (574–656)

Der dritte der »rechtgeleiteten Kalifen«, Uthman ibn Affan, gehörte der Familie der Omaijaden an. Im Jahre 574 in Mekka geboren, folgte der wohlhabende Tuchhändler schon früh den Lehren des Propheten. Er heiratete zwei Töchter Mohammeds. Uthmans Kalifat war durchgängig überschattet von Streitigkeiten unter den Muslimen, die ihrem Oberhaupt Vettern- und Günstlingswirtschaft zugunsten des eigenen Familienclans vorwarfen. Zu den

Verdiensten Uthmans gehört sein Bemühen um die Zusammenstellung der koranischen Suren und ihre Redaktion in der arabischen Hochsprache in der bis heute gültigen Fassung. Im Jahre 656 wurde der Kalif in seiner Residenz von Aufständischen getötet, die ihrem Unmut über die Verwaltung Ägyptens Luft machten.

Ali ibn Abi Talib (um 598–661)

Ali, Cousin und Schwiegersohn Mohammeds, war der erste Anhänger des Propheten. Bei der Wahl der ersten Nachfolger zu seiner tiefen Enttäuschung übergangen, wurde er am 17. Juni 656 schließlich zum vierten Kalifen gewählt. Doch von Beginn an verweigerte ihm ein Teil der Gemeinschaft der Gläubigen die Anerkennung, weil man ihn der Verstrickung in die Ermordung Uthmans bezichtigte. Führende Gegner Alis waren der mächtige Gouverneur von Syrien, der Omaijade Mu'awija, ein Vetter des ermordeten Uthman, und Aischa, die Witwe Mohammeds. Der Zwist entlud sich in einem blutigen Bürgerkrieg. In der Kamelschlacht bei Basra am 9. Dezember 656 unterlag das mekkanische Heer unter Führung Aischas zwar den Parteigängern Alis, doch vermochte dieser seinen Anspruch auf das Kalifat gegenüber der Gesamtheit aller Muslime zeitlebens nicht durchzusetzen. Am 22. Januar 661 wurde er bei einem Anschlag in seiner Residenzstadt Kufa so schwer verletzt, dass er wenige Tage später starb. Nach seinem Tod begründete Mu'awija die Dynastie der Omaijaden, die die islamische Welt beherrschte, bis sie im Jahre 750 gewaltsam von den Abbasiden abgelöst wurde.

Die Herrscher des Emirats/Kalifats von Córdoba 756–1031

Abd ar-Rachman I., »der Flüchtling«	756–788
Hischam I.	788–796
Al-Hakam I.	796–822
Abd ar-Rachman II.	822–852
Muhammad I.	852–886
Al-Mundir	886–888
Abd Allah	888–912
Abd ar-Rachman III.	912–961
Al-Hakam II.	961–976
Hischam II.	976–1009
Muhammad al Mansur	976–1002
Abd al-Malik al-Muzaffar	1002–1008
Abd ar-Rachman Sanchuelo	1008–1009
Muhammad II.	1009
Sulaiman al-Musta'in	1009
Hischam II.	1010–1013
Sulaiman al-Musta'in	1013–1016
Ali ibn Hammud	1016
Al-Qasim ibn Hammud	1016–1019
Abd ar-Rachman IV.	1018
Yachya ib Hammud	1021–1022
Abd ar-Rachman V.	1023–1024
Hischam III.	1027–1031

Glossar

Ahl al-kitab	wörtlich »Völker des Buches«. Bezeichnung für Christen und Juden, die als Schriftbesitzer dem *dimma*-Recht unterliegen.
Amir al-mu'minin	»Beherrscher des Gläubigen« – Beiname des Kalifen
dimma-Recht	Auf der Grundlage des sogenannten »Pakts des Omar« gewährt das islamische Recht Angehörigen der Buchreligionen gegen Tributzahlungen Schutz von Leib, Leben und Besitz wie auch – mit einigen Einschränkungen – freie Religionsausübung.
Dimmi	Menschen christlichen oder jüdischen Glaubens, die nach islamischem Recht unter dem Schutz der Muslime stehen
fitna	Bürgerkrieg
futuh al-buldan	wörtlich »Öffnung der Länder für den Islam«, Bezeichnung für die islamische Expansion
gizya	Kopfsteuer, die Juden und Christen nach islamischem Recht als Tribut für Schutzgarantien zahlen müssen
harag	Grundsteuer nach dem *dimma*-Recht
higra	Übersiedlung Mohammeds von Mekka nach Medina im Jahre 622
Kalif	wörtlich »Nachfolger« (des Propheten Mohammed)
Minbar	Kanzel in der Moschee
Mozaraber	Christen auf der Iberischen Halbinsel, die arabische Lebensgewohnheiten angenommen haben und im Alltag Arabisch sprechen
muwalladun	Menschen, die den islamischen Glauben angenommen haben; Konvertiten
qadi	islamischer Richter
schi´at Ali	wörtlich »Partei Alis« – Schiiten
ta´ifas	Kleinkönigreiche auf der Iberischen Halbinsel
umma	Glaubensgemeinschaft aller Muslime

Quellen und Literatur

Quellen

Die meisten Quellen für die Zeit der islamischen Expansion und der Reconquista liegen nicht in deutscher Übersetzung vor. Einige sind zudem nur in arabischer Sprache herausgegeben worden. Einen Einstieg in die Themenfelder, die in diesem Buch angeschnitten werden bieten die folgenden Werke:

Der Koran. Übersetzt von Rudi Paret, Stuttgart [9]2004.

Ibn Ishaq: Das Leben des Propheten. Aus dem Arabischen übertragen und übersetzt von Gernot Rotter (Bibliothek Arabischer Klassiker), Tübingen 1976.

Geschichte der Perser und Araber zur Zeit der Sassaniden. Aus der arabischen Chronik des Tabari. Übersetzt und mit ausführlichen Erläuterungen und Ergänzungen versehen von Theodor Nöldeke, Leiden 1879 [Neudruck: 1973].

Literatur

Allebrand, Raimund (Hrsg.), Terror oder Toleranz. Spanien und der Islam, Bad Honnef 2004.

Bobzin, Hartmut: Mohammed, München [2]2006.

Borgolte, Michael: Christen, Juden, Muselmanen. Die Erben der Antike und der Aufstieg des Abendlandes 300 bis 1400 n. Chr., München 2006.

Cardini, Franco: Europa und der Islam, München 2000.

Clot, André: Das maurische Spanien. 800 Jahre islamische Hochkultur in al-Andalus, Düsseldorf 2004.

Cohen, Mark R.: Unter Kreuz und Halbmond. Die Juden im Mittelalter, München 2005.

Drewes, Wolfram: Juden und Judentum bei Isidor von Sevilla. Studien zum Traktat »De fide catholica contra Iudeos«, Berlin 2000.

Haarmann, Ulrich (Hrsg.), Geschichte der arabischen Welt, München [5]2004.

Herbers, Klaus: Geschichte Spaniens im Mittelalter. Vom Westgotenreich bis zum Ende des 15. Jahrhunderts, Stuttgart 2006.

Jankrift, Kay Peter: Europa und der Orient im Mittelalter, Stuttgart 2007.

Jaspert, Nikolas: Die Kreuzzüge, Darmstadt [5]2010.

Kampers, Gerd: Geschichte der Westgoten, Paderborn 2008.

Paret, Rudi: Mohammed und der Koran, Stuttgart [9]2005.

Pochoshajew, Igor: Die Märtyrer von Córdoba. Christen im muslimischen Spanien des 9. Jahrhunderts, Frankfurt am Main 2007.

Schlicht, Alfred: Die Araber und Europa. 2000 Jahre gemeinsamer Geschichte, Stuttgart 2008.

Schwind, Jens: Die Eroberung von Damaskus. Quellenkritische Untersuchung der Historiographie in klassisch-islamischer Zeit, Leiden 2009.

Vernet, Juan: Die spanisch-arabische Kultur in Orient und Okzident, Zürich/München 1984.

Vones, Ludwig: Die Geschichte der Iberischen Halbinsel im Mittelalter (711–1480). Reiche, Kronen, Regionen, Sigmaringen 1993.

Winter, Engelbert/Dignus, Beate: Rom und das Perserreich. Zwei Weltmächte zwischen Konfrontation und Koexistenz, Berlin 2001.

Abd al Malik ibn Habib al-Andalusi

Personenregister

Ortsregister